国家自然科学基金青年项目（71302114）
教育部人文社科基金青年项目（14YJC630174）
天津财经大学优秀青年教师培育计划项目（YQ1402）资助出版

"十二五"辽宁省重点图书出版规划项目

第16辑

三友会计论丛
SUNYO ACADEMIC SERIES IN ACCOUNTING

U0674921

Macroeconomic Factors and
Dynamic Adjustment of
Working Capital

宏观经济因素
与营运资本的动态调整

吴娜 等 著

东北财经大学出版社
Dongbei University of Finance & Economics Press

大连

图书在版编目（CIP）数据

宏观经济因素与营运资本的动态调整 / 吴娜等著. —大连：
东北财经大学出版社，2018.7
（三友会计论丛·第16辑）
ISBN 978-7-5654-3275-0

Ⅰ．宏… Ⅱ．吴… Ⅲ．中国经济–宏观经济–影响–资本
经营–经济结构调整–研究 Ⅳ．①F123.16 ②F279.23

中国版本图书馆CIP数据核字（2018）第176376号

东北财经大学出版社出版
（大连市黑石礁尖山街217号 邮政编码 116025）
网 址：http://www.dufep.cn
读者信箱：dufep@dufe.edu.cn

大连永盛印业有限公司印刷 东北财经大学出版社发行

幅面尺寸：170mm×240mm 字数：127千字 印张：9.25 插页：1
2018年7月第1版 2018年7月第1次印刷

责任编辑：李 栋 刘 佳 责任校对：刘东威
封面设计：冀贵收 版式设计：钟福建

定价：42.00元

教学支持 售后服务 联系电话：（0411）84710309
版权所有 侵权必究 举报电话：（0411）84710523
如有印装质量问题，请联系营销部：（0411）84710711

随着我国以社会主义市场经济体制为取向的会计改革与发展的不断深入，会计基础理论研究的薄弱和滞后已经产生了越来越明显的"瓶颈"效应。这对于广大会计研究人员而言，既是严峻的挑战，又是难得的机遇。说它是"挑战"，主要是强调相关理论研究的紧迫性和艰巨性，因为许多实践问题急需相应的理论指导，而这些实践和理论在我国又都是新生的，没有现成的经验和理论可资借鉴；说它是"机遇"，主要是强调在经济体制转轨的特定时期，往往最有可能出现"百花齐放，百家争鸣"的昌明景象，步入"名家辈出，名作纷呈"的理论研究繁荣期和活跃期。

迎接"挑战"，抓住"机遇"，是每一个中国会计改革与发展的参与者和支持者义不容辞的责任。为此，我们与中国会计学会财务成本分会、东北财经大学会计学院联合创办了一个非营利的学术研究机构——三友会计研究所，力求实现学术团体、教学单位、出版机构三方的优势互补，密切联系老、中、青三代会计工作者，发挥理论界、实务界、教育界的积极性，致力于会计、财务、审计三个领域的科学研究和专业服务，以期为我国的会计改革与发展作出应有的贡献。

三友会计研究所的重大行动之一就是设立了"三友会计著作基金"，用于资助出版"三友会计论丛"。它旨在荟萃名人力作及新人佳作，传播会计、财务、审计研究与实践的最新成果与动态。"三友会计论丛"于1996年推出第一批著作；自1997年起，本论丛定期遴选并分辑推出。

采取这种多方联合、协同运作的方法，如此大规模地遴选、出版会计著作，在国内尚属首次，其艰难程度不言而喻。为此，我们殷切地希望广大会计界同仁给予热情支持和扶助，无论作为作者、读者，还是作为评论者、建议者，您的付出都将激励我们把"三友会计论丛"的出版工作坚持下去，越做越好！

东北财经大学出版社

三友会计论丛编审委员会

特别感谢

作者特别感谢2013年度国家自然科学基金青年项目"经济周期、融资约束与营运资本的动态协同选择"（项目号：71302114）、教育部人文社科基金青年项目"货币政策、营运资本平滑与投资效率的动态传导效应"（项目号：14YJC630174）、财政部全国会计领军（后备）人才（学术类）培养项目第六期和天津财经大学优秀青年教师培育计划项目（项目号：YQ1402）的资助。

吴娜博士从教后，潜心科研，逐步聚焦于营运资本管理研究方向（领域），且多有相关成果发表。在学校和学院的支持下，她又组织成立了营运资本管理研究所，带领志趣相投的研究团队进行学术研究和学术交流，不断拓宽自己的研究思路，提升研究水平，专著《宏观经济因素与营运资本的动态调整》就是其近年最具代表性的研究成果。

宏观经济因素与营运资本的动态调整是研究和化解债务危机的重要基础理论，也是现实政策选择中亟待解决的重要问题。国外对于该领域的理论研究已经取得了一定的成果，国内已有研究主要是从企业内部对其进行考察，忽视了宏观经济因素对营运资本管理的内在影响机理和作用，从而使宏观经济政策对企业营运资本管理的效应未能达到预期目标。本书运用经济周期理论、融资约束理论和权变理论等对宏观经济因素与营运资本的相机协同选择机理进行研究，构建了基于宏观经济政策下的营运资本协同选择模型，检验了营运资本是否在不同宏观经济因素下向目标营运资本需求调整，调整速度与宏观经济因素是否相关等。

本书构建了新兴市场经济体制下的经济周期、融资约束与营运资本的相机协同选择理论框架和体系；充实了融资约束理论和营运资本理论，并可为国家宏观经济政策的制定提供政策依据。

　　本书具有实际应用价值——企业在不同经济周期下，当面临宏观经济政策波动时如何通过营运资本的动态调整，降低自身融资约束程度，增强其对外部宏观经济政策冲击的抵御能力，防止企业资金链的断裂和防范债务危机的发生具有重要的参考价值；企业在不同经济周期下，提供了基于融资约束的营运资本动态调整速度及方向的预测参考值；因营运资本的调整速度可以直接反映中国企业受到的融资约束程度，间接体现信贷市场的摩擦程度，即各种原因造成的融资难易度，对衡量中国不同经济周期下的信贷市场摩擦水平具有一定的指示作用。

　　我认为，本书主要有以下研究创新和特点：

　　（1）视角新颖。从宏观经济因素视角而不再局限于微观视角研究营运资本管理；从动态的角度研究营运资本的动态调整；从"调整成本"的视角，以产能治理为媒介，通过检验"市场化进程/创新投资"→"调节产能"→"调节营运资本"的传导逻辑并以此构建市场化进程、创新投资与营运资本动态调整之间的关系进行研究。此外，分析市场化进程（外部因素）与创新投资（内部因素）对营运资本调整速度的影响究竟是正向协同互动还是反向协同互动。

　　（2）理论突破。构建了新兴市场经济体制下的宏观经济因素与营运资本的相机协同选择理论框架体系。研究认为，除狭义的公司治理理论所述及的代理成本和调整成本外，企业生产经营的调整成本也是影响企业生存与发展的重要因素，创新投资对于调整成本的影响使得"创新投资"成为广义公司"治理"调整成本（而非代理成本）的重要内部机制，并与"市场化进程"这一治理"调整成本"的外部机制共同作用，对企业产能治理及营运资本投资形成影响。

　　（3）实证检验。建立了不同经济周期下基于行业差异的融资约束与营运资本管理的动态调整模型。以产能治理为媒介，在创新投资、产能治理与营运资本方面的动态调整；市场化进程、产能治理与营运资本的动态调整；市场化进程、创新投资与营运资本动态调整的协同互动；市场化进程、创新投资下的不同创新模式与营运资本的动态调整方向；市场化进程、创新投资下的不同创新模式与营运资本的动态调整路径；市场化进程、创新投资与营运资本投资效率等方面的实证检验。很惭愧，我并不熟悉"实证检验"，无资格置评，这里仅说明作者是从多侧面、多因素对该研究进行了实证检验，其结论具有说服力。

为研究成果写序，本应是一个学习机会，但囿于自己的研究领域和能力，颇有惴惴不安之感。

宏观探道，微观探真，愿吴娜博士在科研的道路上走得更远。对她的进步、对其研究成果，深表欣慰，乐为之序。

天津财经大学教授、博士后合作导师

盖地

2018年5月30日

营运资本作为企业最具活力的资本，就像人体的血液，其重要作用不言而喻，营运资本与企业的生存、发展息息相关，营运资本的管理是企业经营管理活动的重中之重。早在 20 世纪 30 年代，西方发达国家就开始了营运资本管理的研究，中国对于营运资本管理的研究始于 20 世纪末期，起步较晚。

从 20 世纪末以来，国内对于营运资本管理已有的研究多集中于企业微观层面，主要是从企业内部对其进行考察，忽视了宏观经济因素对营运资本管理的内在影响机理和作用，从而使宏观经济政策对企业营运资本管理的效应未能达到预期目标。宏观经济因素与营运资本的动态调整是研究和化解债务危机的重要基础理论，也是现实政策选择中亟待解决的重要问题。

吴娜博士多年以营运资本理论与实践的研究作为其主要研究方向，在该领域的学术研究颇有建树，取得了许多高水平的研究成果。

在《宏观经济因素与营运资本的动态调整》这一论著中，她运用经济周期理论、融资约束理论和权变理论等对宏观经济因素与营运资本的相机协同选择机理进行研究，构建了基于宏观经济政策下的营运资本协同选择模型，并检验了营运资本是否在不同的宏观经济因素下向目标营运资本需求调整，调整速度如何，调整速度与宏观经济因素是否相关。本专著的研究成果对于营运资本管理的理论发展和实践价值都做出了比较突出的贡献。理论贡献在于构建了新兴市场经济体制下的宏观经济因素与营运资本的相机协同选择理论框架和体系，而实践贡献在于为相关理论研究探寻经验证据和政策参考值。

我曾是吴娜博士的大学老师，看着她从本科、硕士、博士到博士后这一路走来，深切地感受到了她在求学道路上的孜孜不倦、坚韧不拔，其钻研精神令人敬佩。我以有这样优秀的学生而感到骄傲和自豪，于是欣然提笔为本著作作序。

天津财经大学教授、博士生导师

韩传模

2018 年 5 月 31 日

宏观经济因素与营运资本的动态调整是研究和化解债务危机的基础理论，也是现实政策选择中亟待解决的问题。虽然，国外对于该方面的理论研究已取得了一定的成果，但是，由于国内已有的研究主要是从企业内部对其进行考察，忽视了宏观经济因素对营运资本管理的内在影响机理和作用，从而使宏观经济政策对企业营运资本管理的效应未能达到预期目标。因此，本书运用经济周期理论、融资约束理论和权变理论等对宏观经济因素与营运资本的相机协同选择机理进行研究，构建了基于宏观经济政策下的营运资本协同选择模型，并检验了营运资本是否在不同的宏观经济因素下向目标营运资本需求调整，调整速度如何，调整速度与宏观经济因素是否相关。研究的理论贡献在于构建了新兴市场经济体制下的宏观经济因素与营运资本的相机协同选择理论框架和体系，而实践贡献在于为相关理论研究探寻经验证据和政策参考值。

研究结论如下：

首先，基于中国各个行业上市公司2000—2016年面板数据，对各个行业的营运资本需求进行描述性统计分析后发现，中国上市公司各个行业的营运资本需求随经济周期的波动呈现出规律性波动；通过对其进行 Kruskal-Wallis H 和 LSD 检验后发现，中国上市公司各行业的营运资本的平均秩差异是显著的，这种行业间的营运资本显著差异并不是由个别行业的异常值引起的，而是行业间普遍存在的；货币政策、财政政策对各个行业的营运资本需求具有统一的、显著的负向影响，该研究结果为基于宏观经济政策下的目标营运资本模型的构建奠定了基础。

其次，基于中国各个行业上市公司2000—2016年面板数据，构建了基于宏观经济政策目标营运资本模型的基础上，使用GMM对中国上市公司各个行业在不同的经济周期和融资约束下的营运资本动态调整进行了实证检验，研究结果显示：（1）企业存在目标营运资本需求，并且其受货币政策和财政政策的影响显著；（2）在不同的经济周期下，公司的营运资本需求会向目标营运资本需求调整。经济周期与制造业企业营运资本需求的调整速度负相关，即在经济周期上行期，调整速度较慢；在经济周期下行期，调整速度较快；而对于房地产业和批发零售业的影响正好相反。（3）在不同的经济周期下，不同融资约束的企业的营运资本需求会以不同的速度向目标营运资本需求调整：在经济周期上行期，制造业无融资约束公司对营运资本的调整速度较慢，只进行微调，但融资约束公司由于受到自身融资约束的影响，仍然保持较快的调整速度。在经济周期下行期，无融资约束公司营运资本需求的调整速度迅速加快，但融资约束公司对营运资本需求的调整速度变得更快，即融资约束会促使企业在经济周期下行期更加积极地进行营运资本管理。房地产业和批发零售业的情况正好相反，在经济周期上行期，房地产业和批发零售业无融资约束公司对营运资本的调整速度相对于经济周期下行期较快，但融资约束公司由于受到自身融资约束的影响，仍然保持较快的调整速度。在经济下行期，无融资约束公司营运资本需求的调整速度迅速变慢，房地产业基本不调整，融资约束公司对营运资本需求的调整速度亦变慢，主要原因在于经济周期下行期即经济不景气时，大部分企业会偏离制造生产主业，将资金大量投向房地产业或第三产业，即"脱实向虚"，因此房地产业与批发零售业在经济周期下行期会出现企业大量的闲置资金注入，资金供给充足，大大缓解了这两个行业的融资约束。在经济周期下行期，这两个行业表现为营运资本调整速度的大幅降低（甚至不调整）。

再次，本书以新西兰32家企业2004—2015年的年度面板数据为样

前　言

本，从经济周期波动的视角筛选了宏观及微观层面影响企业营运资本的影响因素，并进行了静态和动态两方面的实证检验，实证结果显示：（1）企业存在目标营运资本需求，并且其受货币政策和 GDP 的影响显著；（2）在不同的经济周期下，企业的营运资本需求会向目标营运资本需求调整。经济周期与企业营运资本需求的调整速度负相关，即在经济周期上行期，货币政策紧缩，营运资本调整速度较慢；在经济周期下行期，货币政策宽松，调整速度较快，而且新西兰企业的营运资本需求调整速度明显高于中国。本书的经验证据再次表明：（1）在不同的经济周期，企业的经营目标是不同的：在经济周期上行期，企业以追求企业价值最大化为目标；而在经济周期下行期，将转为流动性最大化。（2）货币政策是在不同的经济周期下，缓解企业融资约束，指导企业进行营运资本管理的关键宏观调控工具。（3）营运资本的调整速度有助于解释在不同的经济周期下，货币政策对微观企业经营的传导机制。

最后，本书基于中国制造业上市公司 1990—2013 年平衡面板数据，证明了市场化进程与创新投资均能显著提高营运资本向最优水平调整的速度，从而优化了营运资本管理，提高了存量资本的运行效率，但市场化进程与创新投资对营运资本调整速度的协同影响为负，低市场化进程下创新投资对营运资本调整速度的推动作用更强。研究意义在于以固定资产投资为媒介，从调整成本视角探索了市场化进程与创新投资对营运资本动态调整速度影响的逻辑路径，拓展了营运资本动态调整理论的实证边界以及不同调整因素之间互动关系的逻辑内涵，为理解存量资本治理路径、反思与改善市场化进程提供了政策参考。

本书第 1 章至第 4 章由吴娜副教授完成，第 5 章由吴娜副教授、于博副教授和王博梓硕士完成。在本书的写作过程中，王博梓对部分章节的数据进行了收集和整理，并与于博副教授共同参与了第 5 章的写作，硕士研究生白雅馨、樊瑞婷参与了第 2 章参考文献的收集与排序工作，在此对他们的协助表示感谢！同时，也向本书引用成果的所有作者以及对本书提供宝贵修改意见的天津财经大学盖地教授、韩传模教授、于立教授、彭正银教授、刘志远教授、张俊民教授、白仲林教授和田昆儒教授深表感谢！最后，感谢东北财经大学出版社编辑们的辛勤付出！

由于研究精力所限，本书展现的研究内容很可能存在一些纰漏和不足之处，敬请各位专家、学者和读者批评指正。

吴娜

2018 年 5 月 26 日

目录

第 1 章

导　论

营运资本是企业在一个经营周期内开展经营活动（不包括投资活动和筹资活动）所需要的净投资（陈希琴、刘翰林，2003）[①]，主要包含由经营活动产生的应收应付款项和存货。Baños-Caballero et al.（2013）[②]认为营运资本存在最优水平，过低的营运资本持有水平对企业流动性循环与短期债务能力构成威胁，而过度的营运资本持有水平则意味着大量的资本将以"存量"形态沉淀，从而弱化了资本的运行效率。因此，优化营运资本管理不仅对于企业流动性治理具有重要意义，而且对于优化存量资本、加速资金运行、提高资源配置效率具有重要价值。万德数据显示：2002—2014 年，中国工业企业产成品存货净额从 7 511 亿元增加到 3.7585 万亿元，应收账款净额从 1.6134 万亿元增加到 10.8895 万亿元，这意味着大量资金以营运资本的形态沉淀，而盘活这些存量资本不仅是激发实体经济活力的重要环节，也是从微资观视角修复资产负债表、强化资源配置效率、

───────────────

[①] 陈希琴，刘翰林.我国企业管理资产负债表的结构与运用初探 [J]. 浙江财税与会计，2003（8）：9-11.
[②] BAÑOS-CABALLERO，MARTINEZ-SOLANO P.The speed of adjustment in working capital requirement [J]. The European Journal of Finance，2013（10）：978-992.

进而深化"供给侧"改革的必然要求。

与此同时，中国正处于经济周期下行期，伴随着资产负债表衰退现象的逐渐显现，企业的经营目标由追求利润最大化转为负债最小化（辜朝明，2008）[①]，有效的营运资本管理对企业起到了至关重要的作用。与此同时，中国企业的营运资本管理受到宏观经济因素如货币政策、财政政策、经济周期、市场化进程等宏观供给面因素的巨大影响。在这种背景下，针对目前国内学者对于营运资本管理的研究仍然从传统的资产负债表的角度着眼于企业的内部特征，忽视了宏观经济政策与制度背景作为金融市场供给面因素的影响，本书以管理资产负债表的视角下的营运资本概念为基础，具体研究宏观经济因素如何影响中国不同行业上市公司的营运资本，以及营运资本在不同的宏观经济因素的影响下如何进行动态调整，这对于中国企业面对宏观经济形势的转化，如何优化营运资本管理，度过危机是一种有益的补充。

2

1.2 ———————————— 研究意义 ————————————

本书的一个重要视角是从宏观的视角对宏观经济因素与营运资本的内在影响机理和作用进行研究。在中国渐进改革的过程中，宏观经济政策环境制度背景仍带有计划特征且变动频繁，具有双重的不确定性，并且伴随着频繁的政策变动，企业的外部资金供给环境急剧变化，企业融资的顺畅程度也随之改变，有限的融资渠道制约了企业的选择空间，从而使企业的营运资本管理势必受到宏观面、政策面、制度面因素的影响和金融市场供给条件的限制。

本书能够反映在不同的宏观经济因素影响下的营运资本需求波动理论，并基于该理论构建宏观经济因素与企业营运资本需求波动水平的基于数学方程的显式关系；在理论分析的基础上，基于宏观的视角筛选了宏观、中观及微观层面的企业营运资本波动水平的影响因素，并进行了静态和动态两方面的实证检验，力图在证明理论现实意义的同时，为企业提供

---

① 辜朝明. 大衰退——如何在金融风暴中幸存和发展 [M]. 北京：东方出版社，2008.

基于行业异质性的营运资本波动水平的预测参考值。研究结果有利于增进对中国异质企业在营运资本需求波动特征及其异质性方面的理解，也为各个行业的企业在营运资本管理理论和管理实践方面提供了来自宏观层面的思考和解释。

1.3 研究目的

研究目标主要包括以下几个方面：

第一，本书结合权变理论、经济周期理论、融资约束理论、经营性动机理论、融资优序理论和委托代理理论，在剖析营运资本与宏观经济政策的联动机理与传导路径的基础上，对宏观经济政策如何影响各个行业的营运资本的机理进行深入剖析，发现其中的规律以及需要解决的基础理论问题，将宏观经济政策融入目标营运资本模型的构建中。

第二，宏观经济政策对于各个行业的营运资本需求动态调整是否有影响，影响的机理是什么，如何构建基于宏观经济政策的营运资本的动态调整模型。

第三，在不同的经济周期和融资约束的影响下，企业的营运资本需求是否倾向于向目标营运资本需求收敛，如果收敛，收敛速度如何？企业营运资本的调整速度与经济周期和融资约束是否相关。

第四，立足于当前中国企业普遍存在的产能过剩及大量营运资本沉淀的现实背景，以市场化进程、创新投资作为治理产能，进而影响营运资本动态调整的重要外部和内部调节机制，二者之间具有怎样的协同互动关系为突破口，构建了市场化进程、创新投资与营运资本相机协同选择理论框架和体系。具体包括以下四个子目标：

首先，结合动态能力理论、权变理论、新古典投资理论、公司治理理论、熊彼德的创新理论、制度创新理论和技术创新理论，在剖析市场化进程、创新投资与营运资本动态调整的联动机理与传导路径的基础上，对市场化进程与创新投资如何通过产能治理进而影响中国制造业营运资本动态调整的机理进行深入剖析，发现其中的规律以及需要解决的基础理论问题；

其次，从调整成本视角，以产能治理为媒介，分别研究市场化进程/创新投资与营运资本的动态调整速度是否相关；

再次，市场化进程和创新投资作为影响营运资本动态调整的外部和内部的重要调节机制，二者之间具有怎样的协同互动关系；

最后，市场化进程、创新投资对营运资本投资效率的影响是怎样的。

1.4 ———————————— 研究框架 ————————

本书的研究框架如图1-1所示。

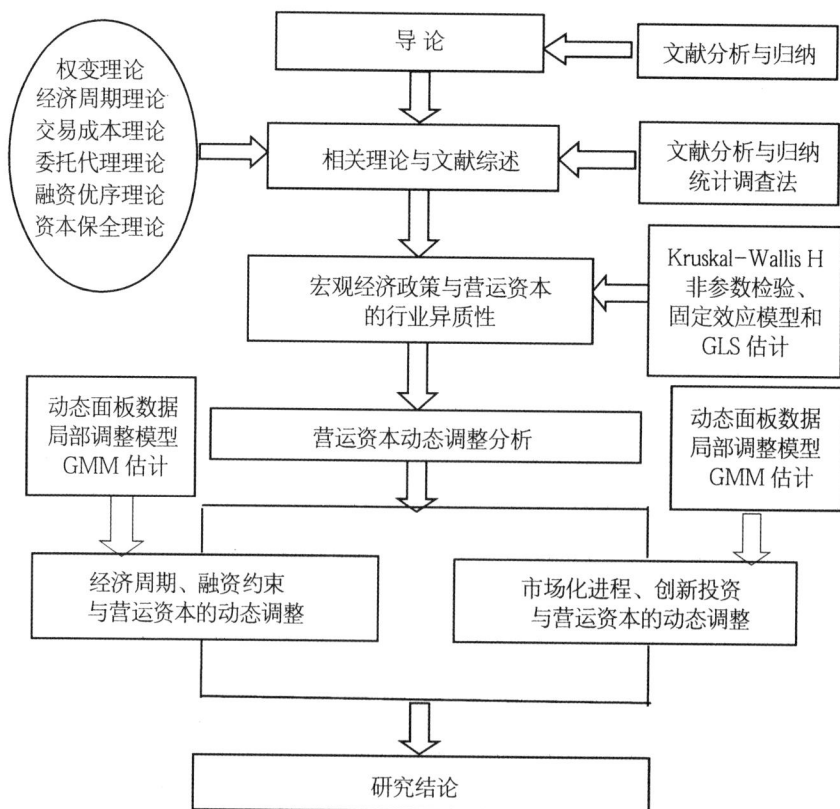

图1-1　本书的研究框架

1.5　研究方法

本书采用的研究方法主要有：

1. 文献分析与归纳

在全面收集与企业营运资本相关的文献资料的基础上，采用文献分析和归纳的方法，深入剖析宏观经济因素与营运资本的内在影响机理和作用，并进一步分析了市场化进程、创新投资对营运资本的内在影响机理和作用以及市场化进程、创新投资与营运资本动态调整的协同互动关系。

2. 经济计量方法

在基于宏观经济政策构建的目标营运资本需求模型的基础上，以深、沪两市上市公司的面板数据（Panel Data）为研究对象，利用 Spss19、Eviews9.0、Stata14 等软件，通过 Kruskal-Wallis H 非参数检验、LSD 检验建立固定效应模型，对其进行 GLS 估计，找出宏观经济政策如何影响中国各个行业上市公司的营运资本，并将宏观经济政策因素融入目标营运资本需求模型的构建中，使用局部调整模型，采用 Arellano 和 Bover（1995）提出的"系统 GMM"估计方法测算不同行业的营运资本需求朝目标营运资本需求调整的速度。

本书之所以采用动态面板数据模型的 GMM 估计是由于 GMM 估计作为动态面板数据模型估计的常用计量方法，是基于模型实际参数满足一定矩条件而形成的一种参数估计方法，是矩估计方法的一般化。采用这一方法的优势是：（1）参数估计值不用满足某些假设即可以得到可靠的参数估计量。只要模型设定正确，就可以找到该模型实际参数满足的若干矩条件而采用 GMM 估计。传统的计量经济学估计方法，例如普通最小二乘法、工具变量法和极大似然法等都存在自身的局限性，其参数估计量必须在满足某些假设时才是可靠的估计量。（2）GMM 估计允许随机误差项存在异方差和序列相关。该方法不需要知道随机误差项的准确分布信息，就能得到比其他参数估计方法更有效的参数估计值。

在此基础上，进一步检验了宏观经济因素与营运资本调整速度的关系，并建立了基于宏观经济因素的营运资本的动态协同调整模型。然后，对不同创新投资/市场化进程下的企业营运资本进行方差分析，并采用Arellano和Bover（1995）提出的"系统GMM"估计方法测算不同行业的营运资本在不同市场化进程和创新投资下朝目标营运资本调整的速度，市场化进程、创新投资与营运资本动态调整的协同互动关系。最后，使用TWO-STEPSYS-GMM估计法对市场化进程、创新投资对营运资本投资效率的影响进行检验。

3.统计调查及统计分析

利用深圳国泰安公司开发的上市公司财务数据库的资料对中国上市公司的营运资本进行全面统计调查和统计分析。

1.6 创新点

1.在研究视角上的创新：首先，本书从宏观经济因素视角而不再局限于微观视角研究营运资本是一种创新；其次，本书从动态的而不是静态的角度研究营运资本的动态调整是一种创新；再次，本书从"调整成本"的视角，以产能治理为媒介，通过检验"市场化进程/创新投资"→"调节产能"→"调节营运资本"的传导逻辑，并以此构建市场化进程、创新投资与营运资本动态调整之间的关系研究是一种创新；最后，本书分析了市场化进程（外部因素）与创新投资（内部因素）对营运资本调整速度的影响究竟是正向协同互动还是反向协同互动，这是一种创新。

2.在理论上的突破：已有的研究主要从企业内部的视角对营运资本进行考察，忽视了宏观经济因素对营运资本的内在影响机理和作用，本书构建了新兴市场经济体制下的宏观经济因素与营运资本的相机协同选择理论框架体系是一种创新。此外，针对已有的公司治理理论至今仍欠缺对于"创新投资"行为这一"内部"治理机制的研究，忽视了调整成本的影响，本书认为，除狭义的公司治理理论所述及的代理成本和调整成本外，企业生产经营的调整成本也是影响企业生存与发展的重要因素，创新投资对于调整成本的影响使得"创新投资"成为广义公司"治理"调整成本

（而非代理成本）的重要内部机制，并与"市场化进程"这一治理"调整成本"的外部机制共同作用，对企业产能治理及营运资本投资形成影响，从而丰富了广义的公司治理理论和营运资本动态调整理论框架体系，这是一种创新。

3.在实证上的创新：第一，建立了不同经济周期下的融资约束与营运资本的动态调整模型是一种创新。第二，以产能治理为媒介，对以下内容包括：①创新投资、产能治理与营运资本的动态调整；②市场化进程、产能治理与营运资本的动态调整；③市场化进程、创新投资与营运资本动态调整的协同互动；④对市场化进程、创新投资与营运资本投资效率等方面进行实证检验，这是一种创新。

＞＞ 第 2 章 ◀◀

相关理论与文献综述

2.1 ———————————— 相关理论 ————————————

2.1.1 管理资产负债表视角下的营运资本理论

1）管理资产负债表的含义

管理资产负债表（Managerial Balance Sheet）是从公司投入资本的角度，为了管理的目的把应付账款与应收账款和存货结合起来考虑，扣除非利息性负债对公司资金来源的影响，反映的是公司某一时点上应用于投资的资本量及获得的总资本的报表（王树华，胡道勇，2006）[①]。管理资产负债表与标准的资产负债表相比更强调经营，强调业务主管所关注的营业与筹资，清晰地反映了公司有代价资本的来源及占用情况，消除了企业通过往来虚增或降低企业资产的影响，能够更加准确地评价公司经营者对公司经营业绩的贡献。

2）管理资产负债表视角下的营运资本概念——营运资本需求

（1）营运资本需求（Working Capital Requirement，WCR）的含义

营运资本需求是公司支持经济活动的净投资，是营运资产与营运负债

———————————

① 王树华，胡道勇. 管理资产负债表视角下的企业财务分析研究 [J]. 现代金融，2006（10）：6-7.

之间的差额。营运资本是企业在一个经营周期内开展经营活动所需的净投资，所以对营运资本需求的衡量，属于投资和筹资活动范畴且不直接参与经营活动的营运资本应予以剔除。

（2）营运资本需求的计算方法

本章所采用的营运资本需求的计算公式为：

$$\underset{需求}{营运资本} = \underset{资产}{营运} - \underset{负债}{营运} = (\underset{票据}{应收} + \underset{账款}{应收} + \underset{应收款}{其他} + \underset{账款}{预付} + 存货) - (\underset{票据}{应付} + \underset{账款}{应付} + \underset{账款}{预收} +$$

$$\underset{薪酬}{应付职工} + \underset{税费}{应交} + \underset{应付款}{其他}) = \underset{流动资产}{经营活动} - \underset{流动负债}{经营活动}$$

可推出：营运资产=经营活动流动资产

营运负债=经营活动流动负债

（3）营运资本需求与净营运资本的关系

有关营运资本需求与净营运资本的关系，可通过以下公式进行推导：

净营运资本=流动资产－流动负债

$$= (\underset{流动资产}{经营活动} + \underset{现金等价物}{现金及}) - (经营活动流动负债+短期借款)$$

$$= (\underset{流动资产}{经营活动} - \underset{流动负债}{经营活动}) + (\underset{流动性金融资产}{现金及现金等价物等} - \underset{流动性金融负债}{短期借款等})$$

式中：经营活动流动资产－经营活动流动负债=营运资本需求

$$\underset{流动性金融资产}{现金及现金等价物等} - \underset{流动性金融负债}{短期借款等} = 净流动余额（Net\ Liquid\ Balance，NLB）$$

可以推导出：

净营运资本=营运资本需求（WCR）+净流动余额（NLB）

从公式中可以看出，净营运资本由营运资本需求与净流动余额两部分组成，即营运资本需求只是净营运资本的一部分。其中净流动余额（NLB）是 Shulman and Cox（1985）和 Shulman and Dambolena（1986）首先提出的衡量企业流动性的一个十分有效的指标。

在管理资产负债表的视角下，吴娜（2010）[①]认为营运资本管理的概念为：通过规划与控制营运资产（经营活动流动资产）与营运负债（经营活动流动负债），使企业保持良好的偿债能力和获利能力，以经营活动现

---

① 吴娜.管理资产负债表视角下的营运资本管理研究［M］.成都：西南财经大学出版社，2010.

金流量控制为核心的一系列管理活动的总称。

3）管理资产负债表视角下营运资本管理的内容

吴娜（2010）认为由于营运资本管理的实质是以经营活动现金流量控制为核心的一系列管理活动的总称。因此，建立在管理资产负债表视角下，即建立在营运资本需求概念基础上的营运资本管理的内容较以往的观点更加科学。所以，应当在原有的基础上，不再包括货币资金管理、交易性金融资产管理与短期借款管理的内容，只包含经营活动流动资产管理和经营活动流动负债管理的相关内容。

4）营运资本需求概念基础上的管理资产负债表结构

营运资本概念是管理资产负债表的理论基础。根据对营运资本概念理解的不同，管理资产负债表的结构是不同的。建立在营运资本需求概念基础上的管理资产负债表的结构见表2-1。本书所指的营运资本需求的概念是建立在管理资产负债表基础上的。

表2-1　　　　　　　　　　　　　**管理资产负债表结构**

投入资本	占用资本
现金及现金等价物	
营运资本需求	短期借款
长期资产净值	长期资本

资料来源：吴娜.管理资产负债表视角下的营运资本管理研究［M］.成都：西南财经大学出版社，2010.

2.1.2　权变理论

权变理论兴起于20世纪70年代的美国，当时的美国由于受到石油危机的严重影响，企业所处的外部环境存在较大的不确定性。以往的研究主要侧重于企业内部组织的行为科学管理理论，忽视了外部环境对企业的影响，假设条件与现实情况严重脱节使该理论无法解释企业所处的瞬息万变的外部环境。因此，财务学理论研究需要将外部环境的不确定性因素纳入财务理论研究的范围，进一步推进并重构财务理论。不确定性与风险是权变财务研究的起点。权变财务理论作为一种财务理论体系，其研究的视角是将环境不确定性与财务运行系统相结合，研究的内容是不确定条件下财务状态的评判、财务机会的识别、财务政策的选择、财务行为的选择以及财务治理模式选择等。财务权变理论的发展起源于动态能力理论。动态能力理论所强调的路径分析、内外部环境分析、组织能力提升、竞争优势获得等正是企业财务权变理论的内核。Teece、Pisano 和 Shuen（1997）[1]提出动态能力概念，其认为动态能力是企业整合、建立以及重构企业内外能力以适应快速变化的环境的能力。其中，动态的含义是指不断更新自身的能力，对企业内外部的组织技能、资源能力进行适应性调整、整合、重置，使之能跟上环境不断变化的需要。企业的动态能力不能通过市场买卖获得，而应该深入到企业内部的过程、资源状况和路径中寻找。Eisenhardt，K.M.，Martin，J.A.（2000）[2]提出了用"组织惯例"或"集体活动模式"定义企业动态能力的观点。其认为动态能力是企业利用资源的程序整合、重构、获取和放弃资源以适应或创造市场的变革，是组织和战略的惯例（routine）。通过这种惯例，企业可随市场的出现、裂变、演化和消失而进行新的资源重组。这一概念把动态能力看成嵌入组织程序或过程的可识别的具体惯例。Eisenhardt，K.M.，Martin，J.A（2000）认为，虽然动态能力在很多细节方面具有特异性，但是从一些关键性的特征来分析，企业之间的动态能力具有很大的一致性或者类似性。虽然不同企业培育某一动态能力的起点和路径不同，但是对于某一项动态能力存在一个行业的最佳标准。齐永兴（2014）[3]认为动态能力作为一种能使企业保持持续竞争优势的企业能力，已不再是一种单纯的企业能力，而是涵盖了企业整合和配置企业内外部资源，重构企业竞争力的能力、过程或惯例。这些能力、过程或惯例能够让企业在面对外部环境的变化时，迅速做出调整，以获取和保持竞争优势，实现企业的可持续成长。动态能力最大的特点在于：该概念旨在设计一个变化的策略，应对企业内部和外部变化的环境，即以动制动的企业管理方略，同时也是从全方位整合企业内外部资源的视角，避免顾此失彼的企业管理模式带来的弊病。

11

---

① DAVID J TEECE，GARY PISANO，AMY SHUEN，et al. Dynamic capabilities and strategic management [J]. Strategic Management Journal，1997，18（7）：509-533.
② EISENHARDT K M，MARTIN J A. Dynamic capabilities：what are they [J]. Strategic Management Journal，2000，21（4）：1105-1121.
③ 齐永兴. 动态能力理论的源起与内涵界定——兼谈我国中小企业动态能力形成与特征 [J]. 商业时代，2014（34）：105-107.

2.1.3 经济周期理论

1）经济周期的概念

经济周期是指在国民经济运行中所呈现的一起一落、扩张与收缩不断交替的波浪式运动过程。现代经济学关于经济周期的定义，建立在经济增长率变化的基础上，指的是增长率上升和下降的交替过程。经济周期发生在实际GDP相对于潜在GDP上升（扩张）或下降（收缩或衰退）的时候。

2）经济周期的划分——两阶段法

按照两阶段法，每一个经济周期都分为上升和下降两个阶段。上升阶段也称为扩张阶段。此时，宏观经济环境良好，市场需求旺盛，企业处于宽松有利的外部环境中，生产资金周转灵活，生产规模不断扩大，产品畅销。上升阶段的最高点称为顶峰。顶峰的到来意味着经济由盛转衰，此后经济进入下降阶段，也称为收缩阶段。此时，宏观经济环境和市场环境日趋紧缩，企业处于恶劣的外部环境中，市场疲软，销售不畅，资金周转困难，有的企业甚至破产倒闭。经济萧条的最低点称为谷底，但是谷底意味着经济开始由衰转盛，从此周而复始，宏观经济进入下一个上升阶段。宏观经济从一个顶峰到另一个顶峰，或者从一个谷底到另一个谷底，就是一轮完整的经济周期。

本章采用两段式（《波谷—波谷》法）来划分中国的经济周期。有关各个经济周期的相关数据见表2-2。

表2-2 　　　　　　　　**中国经济周期划分及相关指标**

经济周期	2000	2001	2002	2003	2004	2005	2006	2007	
上行期	8.5%	8.3%	9.1%	10%	10.1%	11.4%	12.7%	14.2%	
经济周期	2008	2009	2010	2011	2012	2013	2014	2015	2016
下行期	9.7%	9.4%	10.6%	9.5%	7.9%	7.8%	7.3%	6.9%	6.7%

数据来源：国家统计局网站。

美国国民经济研究所（NBER）根据经济周期下降阶段的特点不同，将经济周期划分为古典型经济周期和增长型周期。如果在经济周期下降阶段，国民经济产出总量绝对下降，即出现负增长为古典型周期。如果在经济周期下降阶段，国民经济产出总量不是绝对下降，而是经济增长速度明显减缓为增长型周期。改革开放前中国的经济周期表现为经济增长曲线大起大落，为古典型周期。改革开放后，中国经济周期的波动幅度减缓，即由古典型经济周期转化为增长型周期。

3）阴阳经济周期理论

1929 年美国发生的经济大萧条，资产大幅缩水，凯恩斯提出了成功的解决经济大萧条的理论。虽然凯恩斯理论指出了正确的解决经济大萧条的方法，但是由于其将企业追求利润最大化作为假设前提，没有考虑到在资产负债表衰退期间，企业的经营模式有可能从利润最大化转变为负债最小化，因此，凯恩斯理论没能提供令人信服的解释大萧条的真正原因。基于此，日本经济学家辜朝明通过对美国和日本 20 世纪 90 年代开始的衰退研究，提出了资产负债表衰退的含义和阴阳经济周期模型。该理论包容了凯恩斯理论正确的部分，并指出了解决此类经济危机的路径，具有重要的理论意义和实践参考价值。

（1）资产负债表衰退的含义

辜朝明（2008）[①]认为资产负债表衰退（Balance Sheet Recession）是指：特定的外部冲击会从根本上改变企业或个人的行为目标。尤其是当一个国家整体资产价格出现下跌时，就会迫使企业将它们最优先的目标从利润最大化转变为负债最小化，以修复受损的资产负债表。而这种行为转变反过来又会导致比一般经济衰退更加严重的后果，即当一家企业的负债超过其资产时，从技术上来说就意味着破产。郑磊（2011）[②]认为任何一个高负债企业的经营者，在经济形势即将走坏或者资产价格暴跌的苗头刚刚出现时，理所当然地会加速偿债。这时企业的目的不是利润最大化，而是负债最小化。虽然对于单个企业来说，偿债是正确且负责任的行为，但是当所有企业都开始同时采取这样的行动时，催生了恶性循环通货紧缩的出现，造成总需求、货币供应量，以及资产价格的整体萎缩，最终严重伤害

13

---

①　辜朝明. 大衰退——如何在金融风暴中幸存和发展 [M]. 北京：东方出版社，2008.
②　郑磊. 阴阳经济周期与资产负债表衰退：构建宏观经济管理的新途径 [J]. 中国市场，2011（46）：34-38.

了宏观经济。辜朝明（2008）[①]认为流动性陷阱是一个借贷方现象而非贷出方现象，从而开启了从微观企业经营行为方面解释宏观经济衰退的新路径。

（2）阴阳经济周期模型

阴阳阶段八卦图如图2-1所示，阴阳经济周期模型从企业经营的微观视角刻画出宏观经济的整个周期，该模型以资产价格泡沫开始爆破作为衰退周期的起点，即①步骤，将资产负债衰退过程分为9个步骤，"阴"和"阳"两个经济阶段。其中①~④为"阴"态阶段，⑥~⑨为"阳"态阶段。0构成了由"阳"到"阴"过渡的中间态；⑤为从"阴"向"阳"过渡的中间态。郑磊（2011）总结辜朝明的阴阳经济周期理论，列示的9个步骤的具体内容为：

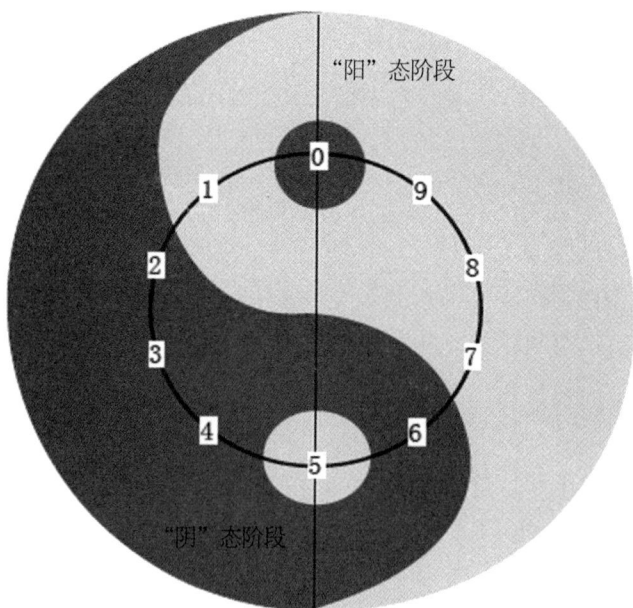

直线两侧为阴阳过渡阶段

图2-1　阴阳阶段八卦图

注：郑磊.阴阳经济周期与资产负债表衰退：构建宏观经济管理的新途径 [J].中国市场.2011（46）：34-38.

[①] 辜朝明. 大衰退——如何在金融风暴中幸存和发展 [M]. 北京：东方出版社，2008.

①政府和中央银行收紧货币政策或者由于自身过度膨胀导致泡沫破灭。

②资产价格暴跌，企业资产负债表出现"资不抵债"的技术性破产，迫使企业调整运营目标，从利润最大化模式转变为负债最小化模式。整体经济开始陷入资产负债表衰退。

③企业将偿还债务恢复资产负债表平衡作为首要任务，降低资金需求，导致货币政策刺激手段失灵，即便不断降低利率也无法促使企业扩张，政府只得转为依靠财政政策刺激、维持或扩大总需求（凯恩斯理论产生效果）。

④企业最终完成债务偿还，资产负债表被修复，衰退结束。但是全社会对债务的厌恶抵触情绪依然存在，企业和个人仍热衷于储蓄，利率继续保持低迷。但是，企业已开始逐步恢复投资和扩张，经济开始见底回升。

⑤企业和个人对借贷的抵触情绪渐渐消退，社会融资加速回升。

⑥货币政策开始发挥效力。前期实施的财政刺激政策导致的政府主导投资显示出对民营经济投资的挤出效应。此时是财政刺激退出的时点。

⑦货币政策逐步取代财政政策成为政府进行经济调节的主要工具。

⑧经济日趋繁荣，企业充满活力，信贷加速扩张，新的经济泡沫形成过程开始。

⑨企业的过度自信和扩张引发下一个经济泡沫。

郑磊（2011）[①]认为该模型揭示了货币政策和财政政策在经济周期中不同作用。在"阳"态阶段，经济调控应以货币政策为主（可以形象地称为"货币政策调控区间"），在过渡进入"阴"态阶段时，调控手段逐步由货币工具转为财政刺激，在"阴"态阶段应以财政政策调控为主（该阶段可称之为"财政政策调控区间"），而在过渡到"阳"态阶段时，刺激逐步退出，之后改为主要依靠货币政策的经济管理思路。

---

① 郑磊. 阴阳经济周期与资产负债表衰退：构建宏观经济管理的新途径 [J]. 中国市场，2011（46）：34-38.

2.1.4 资本保全理论

收益的内涵是传统资本保全理论的思想实质，即保持投入资本的完整无缺，只有超出投入资本以上的部分才能确认为收益，即资本价值保全。传统的资本保全理论由于没有考虑资本风险保全，已不适应新形势发展的需要。随着信息传播、处理和反馈速度的加快，知识更新速度的加快，产品生命周期的缩短以及金融衍生工具的出现，企业资本运营的风险逐渐加大。要求现代企业资本运营既要关心资本的价值保全，也要重视资本面临的风险，最终要在资本收益率和风险程度之间达到某种程度的均衡。因此在进行营运资本管理时既要树立资本价值保全的理念，也要树立资本风险保全的理念。

2.1.5 啄食顺序理论

Myers 和 Majluf（1984）[①]基于信息不对称问题研究了公司为新的项目融资时的财务决策，提出了公司融资的啄食顺序理论，其主要观点为：公司偏好内部融资，如果需要外部融资，公司首先选择最安全的证券，即先考虑债务融资，然后考虑混合证券融资（如可转换债券），最后才考虑股权融资。根据啄食顺序理论企业最优资本结构和目标债务比例是不存在的，债务比例是融资结果的积累。该理论建立在以下假设的基础上：首先，经理掌握了对所要投资项目的真实价值更加全面的信息，并且代表公司现有股东的利益；其次，公司的现有股东处于被动地位，其只能通过内部人所传递的信号来重新评估自己的投资决策。非对称信息的存在促使公司的外部投资者往往根据上市公司选择的融资结构行为来判断公司的市场价值。因为采用外部融资的方式为公司的新项目进行融资，有可能引起市场的误解并且导致新发行股票的贬值，所以公司发行新股票对投资者来说是一个坏消息。因此，如果公司具有内部盈余的话，公司应当首先选择内部融资方式。当公司必须依靠外部资金时，可以发行与非对称信息无关的债券，不会使公司的价值降低，所以说债券融资比股权融资具有较高的优

---

① MYERS S, MAJLUF N. Corporate financing and investment decisions when firms have information that investors do not have [J]. Journal of Financial Economics, 1984 (13): 187-221.

先顺序。啄食顺序理论的重要贡献是考虑到了"信息不对称"对企业投资决策和融资行为的影响。

2.1.6　委托-代理理论

基于非对称信息博弈论的委托-代理理论是制度经济学契约理论的主要内容之一，该理论重点考察由于公司的所有权、控制权分离引起的经理人员的动机问题。其假设代理人具有以牺牲股东利益来增加自己财富的机会主义倾向。委托-代理理论认为，企业代理问题主要来自于两方面的原因：一是委托人和代理人的效用函数不一致。委托人以利润最大化为主要目标的，而代理人的目标则是个人效用最大化，其追求的既有货币收入，又有非货币收入。在没有有效的制度安排下，代理人很有可能会偏离委托人目标去追求自身目标的实现。二是信息不对称。在信息不对称的情况下，委托人难以直接观察或不能完全观察到代理人的行为。代理人出于机会主义倾向就会做出损害委托人利益而有利于实现自身效用最大化的事情。这两个方面是代理问题产生的主要原因。由代理问题所导致增加的成本称为代理成本。委托-代理理论的主要目标就是设计各种机制来降低代理成本，实现激励相容。因此，处于市场化进程越高的地区，企业内部的管理制度越健全，相应地使所有者与经理人员之间的信息不对称越少。

2.1.7　交易成本理论

Mian 和 Smith（1992）[①]为了满足股东的需要而取得或者提供相关的信息是需要交易成本的，只有预期收益会超过成本的项目，企业才会进行投资以取得最大的边际利润。因此，在进行营运资本投资时，企业会权衡投资在营运资本上的边际利润与投资在其他潜在项目上的边际利润，在经济繁荣时期，由于营运资本的边际利润较小，因此企业对营运资本管理的投资非常有限。

17

---

① MIAN S L，SMITH C W． Accounts receivable management policy：theroy and evidence［J］．Journal of Finance，1992，47（1）：169-200．

2.2 ——————————————— 文献综述 ———————————————

国内外有关营运资本的研究动态主要包含以下几个方面：

2.2.1 营运资本管理的内容研究

1）营运资本管理各个要素的孤立研究阶段

有关营运资本管理的研究始于20世纪30年代，在20世纪30年代—70年代期间，营运资本研究孤立地停留在现金管理、存货管理和应收账款管理的层面，没有形成系统化的独立领域。如在现金管理方面：鲍摩尔于1952年提出的鲍摩尔模型（The Baumol Model）是最简单、最直观的确定最佳现金量的模型，其后，1966年，米勒和奥尔在鲍摩尔模型的基础上又提出米勒-奥尔模型（The Miller-Orr Model，1966），又称最佳现金余额模型；Hampton C.Hager（1976）首创"现金周期"概念，结合企业的生产过程探讨现金流转状况，提出了改进现金管理、缩短现金周期的措施。在存货管理方面：存货管理主要集中在经济批量订货点的管理和存货控制ABC方法。W.D.Knight（1972）[①]对存货订货量基本模型进行了拓展，提出了在保险储备量下，如何使存货的订购成本和储存成本最小化的最优订货模型，并促生了一系列存货订购模型。

W.D.Knight（1972）指出单独研究每项流动资产的最优水平是不合理的，当将各项流动资产上的投资联合起来进行研究时，决策的性质不应当是最优化，而应该是满意化。Keith V.Smith（1979）[②]指出关于每个营运资本项目管理的研究已有很大进展，但将营运资本作为一个整体进行研究却没有多少进展，并首次探讨了整体营运资本规划与控制的内容。John J. Hampton 和 Cecilia L.Wagner（1989）[③]指出营运资本管理的内容已经不仅包括流动资产管理，而且拓展到了信用评级、短期融资、消费者信贷等

---

① KNIGHT W D.Working capital management： satisficing versus optimization ［J］. Financial Management, 1972, 1（1）：33-40.
② KEITH SMITH State of the art of working capital management ［J］. Financial Management, 1973, 2（3）：50-55.
③ JOHN J, HAMPTON-CECILIA L, WAGNER, et al. Working capital management ［M］. New Jersey：John Wiley and Sons, 1989.

内容。

2）营运资本管理整体研究阶段

Harris（2005）[①]认为从公司 CFO 的角度来讲，营运资本管理是一个简单而又直接的概念，它确保企业可以找到短期资产和短期负债的差别。王家瑜（1993）[②]认为营运资本管理的内容应当包括静态管理和动态管理两大方面。静态管理着眼于各种类型的流动资产的处理，例如现金管理、应收账款管理和存货管理。动态管理则着眼于处理资金从一个地理位置向另一个地理位置的转移，即国际营运资金转移的管理。邢西唯（1996）[③]指出营运资本管理是财务管理的一个重要方面。它主要处理短期资金来源和运用事项，如短期国库券、存款单、商业票据、银行贷款等。孟凡利、李学春（1997）[④]认为营运资本管理的内容可以从不同的角度来进行归纳。从管理对象上看，营运资本管理的内容包括对流动资产的管理、对流动负债的管理及其协同管理（整体管理）；从管理工作环节上看，营运资本管理的内容应该包括营运资本预测、营运资本计划、营运资本控制、营运资本考核与分析等部分。汪平（2000）[⑤]认为营运资本管理主要是对资产负债表上半部分项目即流动资产与流动负债进行管理。其具体内容包括确定现金余额的最佳水平并维持之，每周末或每月末投资到有价证券的现金数量、信用条件的变化、短期借款的筹划、存货的控制等等。张鸣（2002）[⑥]认为营运资本管理的具体内容涉及流动资产和流动负债的各项内容，也包括对流动资产减去流动负债后的净营运资本的管理。李晓群（2005）[⑦]、高芙蓉（2006）[⑧]指出现代的营运资本管理替代了往日的流动资金定额管理。营运资本管理的核心内容就是对资金运用和资金筹措的管理，并着重阐述了企业如何采用创新的理念加强存货、应收账款、应付账款的管理，减少货币资金周转期，从而推进营运资本数量、结构和周转速

---

① ANDREW HARRIS. Working capital management: difficult, but rewarding [J]. Financial Executive，2005，(5)：52-53.
② 王家瑜. 试论国际企业的营运资本管理 [J]. 国际商务（对外经济贸易大学学报），1993（2）：38-43.
③ 邢西唯. 营运资本管理中的成本风险及其避免 [J]. 财务与会计，1996（6）：24.
④ 孟凡利，李学春. 公司营运资金管理 [M]. 上海：上海财经大学出版社，1997.
⑤ 汪平. 论营运资本管理 [J]. 山东税务纵横，2000（7）：44-46.
⑥ 张鸣. 公司营运资金运作方略 [M]. 上海：立信会计出版社，2002
⑦ 李晓群. 浅议营运资金管理 [J]. 会计之友，2006（12）：25-26.
⑧ 高芙蓉. 论企业营运资金的优化与管理 [J]. 科技创业，2006（9）：66-67.

度管理的观点。王竹泉、逄咏梅、孙建强（2007）[①]认为应以营运资金的界定和重新分类为切入点，探索营运资金管理基本理论的创新。Etiennot et al.（2012）[②]将营运资本理解为长期资本对经营性融资需求的满足，即营运资本=（长期负债+所有者权益）－非流动资产。

3）营运资本管理与供应链结合研究阶段

美国REL咨询公司和《CFO》杂志开展的对美国最大的1 000家企业的营运资本调查（The Working Capital Survey），使企业更加重视从整体上管理营运资本，并且将营运资本管理与供应链管理紧密结合在一起研究，拓宽了营运资本管理的研究内容。Hall（2002）[③]认为营运资本管理总体上应当包括销售商、客户和产品在内的企业整体的经营活动。Juan Colina（2002）[④]则在管理类型上重新阐释了营运资本管理。他指出，一个全面的营运资本管理计划包括三个部分：（1）收入管理（应收账款、订购程序、支付账单和收款）；（2）供应链管理（存货和物流）；（3）支出管理（购买和付款）。通过对营运资本管理的细化，强调了营运资本三个组成部分的行为将会给公司带来最佳效果。Colina的这一论述使人们对营运资本管理的观念不再局限于资产负债表部分，而是扩展到公司经营的各个方面，将公司日常琐碎的经营管理统一于营运资本管理之下。王竹泉、马广林（2005）[⑤]将跨地区经营企业营运资金管理的重心转移到渠道控制上的新理念，并倡导将营运资金管理研究与供应链管理、渠道管理和客户关系管理等研究有机结合起来。

4）营运资本管理与价值链结合研究阶段

张东南（2014）[⑥]认为价值链视角下的营运资金管理是以价值链为主线，在价值链的每个环节分析资金的使用与增值状况。基于价值链视角的营运资金管理的实现主要包括：业务流程再造、资金流程重组、企业组织

20

---

① 王竹泉，逄咏梅，孙建强. 国内外营运资金管理研究的回顾与展望［J］. 会计研究，2007（2）：85-90.
② ETIENNOT H，PREVE L，ALLENDE V，et al. Working capital management：an exploratory study［J］. Journal of Applied Finance，2012，22（1）：161-174.
③ BROWN J R，PETERSEN B C. Cash holdings and innov smoothing［J］. Journal of Corporate Finance，2011，17（3）：694-709.
④ JUAN COLINA. Working Capital Optimization［M］. PULP &PAPER，2002（7）：64.
⑤ 王竹泉，马广林. 分销渠道控制：跨区分销企业营运资金管理的重心［J］. 会计研究，2005（06）2：8-33,95.
⑥ 张东南. 基于价值链视角的营运资金管理［J］. 华北水利水电大学学报：社会科学版，2014，30（05）：84-86.

结构、重组信息和技术支持。

对以上的文献进行分析可以看出，学术界对有关营运资本管理内容的认识越来越深入，营运资本管理的内容也随之得到了不断的扩展：由单纯的只包含流动资产的管理，到既包含流动资产管理又包含流动负债管理，再到包含流动资产减去流动负债后的净营运资本的管理，并进一步发展为将营运资本管理与供应链管理、价值链管理相结合的全方位管理过程。

2.2.2　企业内部因素与营运资本研究

关于营运资本管理的内生性影响因素的研究始于 Kenneth Nunn（1981）以营运资本/销售收入作为衡量营运资本管理效率的指标，从产品线的角度对影响营运资本管理的因素进行了分析，其认为影响营运资本管理的因素主要包括企业所采用的存货发出计价方法的影响（比如使用先进先出法与后进先出法的差别）、生产相关产品的比例的影响（包括小批量产品比例、流水线产品比例、定制产品比例、生产线宽度等）、与销售相关的影响因素（包括广告费占销售额比例、销售费用占销售额比例、边际毛利率和销售给自身部门产品的比例）、市场地位的影响（相对市场份额、市场份额不稳定性、产品相对形象和产品相对价格）和产业因素的影响（包括产品出口额和产品进口额等）。通过实证研究揭示了营运资本的战略性影响因素，并且首次提出了"永久性营运资本"这一概念。该研究使人们意识到营运资本管理不应当仅仅关注企业的日常财务运作，更应该与企业的战略联系在一起考虑。由于他的研究仅仅关注于生产领域，因此在数据的范围上只包括应收账款和存货两部分内容，但是却拓展了人们对营运资本的外延的认知。在随后的研究中，学者们对营运资本管理影响因素的研究范围不断扩充，逐渐超出生产领域，研究成果更多的是关注企业内部因素如何影响营运资本管理，如 Carole Howorth（2003）通过分析影响小企业管理者对营运资本管理的重视程度的因素，包括：公司规模、公司经营时间、资产回报率、销售方式、生产周期、客户信用、与供应商的关系等，认为公司对营运资本的管理的重视程度与以上的影响因素是密切相关的。Rajan 和 Peterson（1997）以生产线为基准，研究了影响营运资本（包括现金、短期债券、应收账款和存货）的战略因素，他的模型解释了为什么营运资本水平在不同的企业间和不同的行业间是不一样的，相关的研究还包括 Gombola 和 Ketz（1983）、Soenen（1993）、Maxwell et al.（1998）、Long et al.（1993）、Filbeck 和 Krueger（2005）、Andrew Harris（2005）、Vunyale Narender（2008）、Mian Sajid Nazir（2008）和 Lotfinia Ebrahim（2010），并进一步细化到对不同性质或不同行业的企业进行研究。例如，周文琴、孟全省和邱威（2007）对影响中小企业上市公司营运资本结构的企业内部影响因素进行了实证分析；王治安、吴娜（2007）以 2003—2005 年沪深两市的所有 A 股上市公司作为研究样本，进行非参数检验，并建立固定效应模型，力图找出影响中国上市公司各个行业营运资本管理的企业内部因素；刘怀义（2010）从零售业营运资本管理入手，分析中国零售业营运资本管理政策的企业内部影响因素。

此后，学者们对营运资本各个组成部分的内部影响因素不断进行拓展，研究了企业战略、内部控制、高管特征、供应链关系等因素对营运资本各个组成部分的影响。一是在企业战略与商业信用方面：如黄波等（2018）对战略差异与商业信用融资的关系进行实证检验，并考察了环境不确定性对战略差异与商业信用融资关系的调节作用。研究发现，战略差异与商业信用融资呈显著负相关关系；环境不确定性负向调节了战略差异与商业信用融资的关系，而且环境不确定性的这种调节作用在非国有上市公司中更显著。二是在内部控制与商业信用方面，如刘慧凤、黄幸宇（2017）研究发现内部控制越有效，商业信用负债与资产的质量越高，商业信用资金规模越大，但内部控制有效性与企业净商业信用规模无显著关系。三是高管特征与商业信用，如罗劲博（2016）系统分析了公司的"红顶商人"身份对其商业信用的影响。研究结果显示，公司高管的"红顶商人"身份会显著增加企业的商业信用，且"红顶商人"身份的级别越高，将会获得更多的商业信用，表明公司"红顶商人"的身份对正式的融资渠道具有显著的补充功能。进一步研究发现，相对于国有企业，民营企业高管的"红顶商人"身份会使其获得更多的商业信用。王珍义、徐雪霞、肖皓（2017）结果发现，CEO 声誉越高，企业商业信用融资能力越强，即良好的 CEO 声誉有利于企业获得商业信用融资；且相比非发达地区，发达地区 CEO 声誉更有利于企业获取商业信用融资；企业内部控制有效性越高，CEO 声誉对商业信用融资的影响越小，即内部控制质量在 CEO 声誉影响商业信用融资中起着负向调节效应。但随着内部控制信息披露制度的建立与完善，CEO 声誉的信号传递机制在某种程度上会被内部控制有效性替代。张涛、郭潇（2018）检验了高管薪酬契约机制对公司融资约束的影响以及这种影响能否使公司获得更多的银行贷款或是商业信用。研究发现高管薪酬契约激励机制可以使上市公司获得更多的银行贷款和商业信用。四是供应商关系与商业信用，如李艳平（2017）研究了供应链关系型交易对各种商业信用融资的影响。结果表明，供应商关系型交易比例高会降低企业对商业信用的需求，而客户关系型交易比例高会增加企业商业信用的供给。同时，供应链关系型交易比例高给企业带来挤压效应，降低了净商业信用融资规模。张淑英（2017）认为供应商关系对营运资金市场竞争效应的影响不大；客户关系对营运资金市场竞争效应影响显著，这种情况在经济下行时期更加显著。国有企业中供应商关系对营运资金市场竞争效应起到强化作用；客户关系对营运资金市场竞争效应的强化作用在民营企业更显著。

2.2.3　宏观经济因素与营运资本研究

有关宏观经济因素与营运资本的影响主要分为宏观经济因素对营运资本的各个组成要素包括应收账款、应付账款（商业信用）和存货的影响和宏观经济因素对营运资本整体的影响。国内外有关学者通过实证检验证明了宏观经济因素会影响商业信用和存货投资。

1）宏观经济因素对营运资本的各个组成要素的影响研究

（1）宏观经济因素与商业信用研究

关于宏观经济因素对商业信用影响的文献归纳起来主要包括四个方面：一是经济周期对商业信用的影响。例如，Love、Preve 和 Allende（2007）发现，商业信用在金融危机高峰期迅速增加，但在危机后期显著下降；应收账款和应付账款在危机过程中有不同的表现，应收账款在危机后显著增加，在危机后期急剧下降，应付账款相对于危机前没有显著下降。二是货币政策对商业信用的影响。例如，陆正飞、杨德明（2011），提供了对于货币政策宽松和紧缩的不同时期，商业信用动因的分析。Mateut、Bougheas 和 Mizen（2006）发现，当货币政策趋紧时，商业银行的贷款减少，而应付账款相对增加，商业信用在一定程度上削弱了货币政策信贷渠道的影响力。Choi 和 Kim（2003）发现货币政策紧缩时期，应付账款和应收账款增加，商业信用有助于企业化解信贷收缩的影响。袁卫秋等（2017）考察货币政策波动和社会责任信息披露质量对上市公司商业信用模式的影响。研究结果显示，与宽松性货币政策相比，在紧缩性货币政策时期，企业更多地采取交易成本较低的商业信用模式。袁卫秋、汪立静（2016）认为货币政策宽松时期，货币紧缩时期企业获得的商业信用融资会显著减少。但高质量的会计信息披露能够减少货币政策变动对企业商业信用融资的影响，并使得企业应对货币政策变动的能力增强。孙兰兰、王竹泉（2016）指出，在不同的货币政策下，融资能力不同的企业商业信用政策的调整速度不同，融资约束程度较弱的企业在货币政策紧缩期的调整速度往往更快。三是经济政策的不确定性对商业信用的影响：王化成等（2016）研究了经济政策不确定性对企业商业信用规模的冲击。实证结果表明：当经济政策不确定性较高时，企业获得的商业信用规模总体上有缩小的趋势；国有企业会凭借产权优势抑制企业商业信用规模的下降；而较快的经济增长速度和较差的金融市场环境也会抑制企业商业信用规模的下降。四是金融市场环境对商业信用的影响：如 Cull、Lixin Colin Xu、Tian Zhu（2009）和张杰、冯俊新（2011）分析了金融市场环境（信贷水平）和金融市场化进程对净商业信用的影响。王明虎、魏良张（2017）研究发现，企业所在区域金融发展水平越高，企业商业信用融资比例越低；进一步研究发现，与金融发展水平低的地区相比，在金融发展水平高的地区，成长期企业商业信用融资大于非成长期企业的商业信用融资的情况更为显著，说明金融发展水平对不同生命周期企业之间的融资差距具有"放大效应"。五是税收政策对商业信用的影响。例如，付佳（2017）分析了税收规避与企业商业信用融资的关系，不同融资约束企业的税收规避通过商业信用融资对企业绩效影响的差异性。研究结果表明，税收规避与企业商业信用融资显著负相关。岳树民、肖春明（2017）运用双重差分方法及固定效应模型，检验了营改增对交通运输业（含铁路运输业）、部分现代服务业、广播影视业、邮政业、电信业上市公司商业信用融资的影响。研究发现，营改增带来的进项抵扣机制，改变了上下游企业之间的商业信用格局。营改增有利于上市公司商业信用融资，且对其获得上游企业商业信用规模的影响幅度要大于其下游企业。刘行等（2017）发现企业避税难度增加会导致不具有利息税盾效应的商业信用负债的显著增加。这一效应在融资约束严重的企业、获取正规金融难度较大的企业和民营企业中更为明显，从而支持了企业避税行为的"现金流效应"假说。六是市场竞争水平对商业信用的影响：如 Fabbri 等（2008）、Hyndman（2010）、王喜（2011）研究了市场竞争程度对于商业信用水平的影响。周守华、房小兵（2016）基于行为财务理论研究了投资羊群效应对应收账款质量的影响机理以及控制人性质和市场化进程在这一机理中的调节效应。市场化程度的提高能够降低企业增加投资的羊群效应对应收账款质量的损害程度。

（2）宏观经济因素与存货研究

关于宏观经济因素对存货的影响的研究主要包括：一是经济周期对存货的影响。例如，Abramovitz（1950）发现，在第二次世界大战之前，美国的经济衰退往往伴随着存货投资的急剧下降；易纲（2000）、陈之荣（2010）等指出存货投资与宏观经济周期同向波动，属于"顺周期"；俞静（2005）则认为存货投资与宏观经济周期是"反周期"的。二是贷款利率对存货的影响。例如，Hall（1999）认为真实利率上升的结果是各行业的存货大幅减少。KSW（Kashyap、Stein、Wilax，1993）从实证检验方面对Hall的分析进行了变量设计和辅助证明。戴严科、林曙（2017）利用中国工业企业数据库，考察了利率波动对制造业企业存货投资的影响。研究发现由于利率本身上升和下降传导机制的非对称性，利率波动对企业存货投资的影响具有异质性，面临更强融资约束的企业受到的抑制作用更大；国有企业对利率波动更为敏感。三是通货膨胀对存货的影响。例如，Maccini 和 Rossana（1984）、Mark 和 James（2000）、易纲（2000）、古明清（2003）、俞静（2005）和陈之荣（2010）等学者，他们认为物价通过价格影响需求，存货投资影响供给，两者互相影响和制约，但是两者是"正向"还是"负向"关系尚无定论；而古明清（2003）等则认为存货投资和通货膨胀之间不存在长期的均衡关系。

25

2）宏观经济因素对营运资本的影响研究

尽管有关宏观经济因素与营运资本管理各个组成要素的研究已取得了很大的进展，但是如 Hill、Kelly 和 Highfield（2010）所说，将经营资产和经营负债结合在一起进行研究比单独进行研究更有意义。Reason（2008）认为提高营运资本管理对于防范宏观经济周期波动对企业造成的影响具有重要的作用。

在 1929—1932 年的美国经济大萧条中，美国的很多企业也曾由于资金链的断裂而相继破产，Fewings（1992）成功地用理论模型描述了使用营运资本融资产生的系统风险。在他的模型中，企业与企业之间通过商业信用融资（营运资本融资）联结形成一条长长的马尔可夫链（Markov chain）。在这条长长的链条上面，任何企业由于市场出现危机都可能导致整个链条的断裂，从而引发金融系统危机，以至于使整个经济陷于危机之中。Harry Anson Finney（1934）对美国四年的经济衰退进行深入研究后发现，营运资本管理失效对此次大萧条起到了推波助澜的作用，其认为在整体经济形势不容乐观的前提下，如果每个企业能够根据宏观经济形势的变化提前做好营运资本管理，绝大多数企业是可以转危为安的。营运资本管理因此作为一个重要的研究课题登上了历史舞台，从中也显示出营运资本管理与宏观经济形势的紧密联系。

Zariyawati et al.（2010）、Caballero et al.（2009）、Lamberson（1995）认为企业内部因素和宏观经济外部因素同时影响营运资本管理的有效性。这些外部因素包括政治因素（Carey，1949）、宏观经济环境因素（Ben-Horim 和 Levy，1983）、行业因素（Hawawini et al.，1986）和法律因素 Peel et al.，（2000）等。相关学者针对不同的宏观经济因素对营运资本的影响展开了实证研究：

（1）经济周期对营运资本的影响

经济周期对营运资本管理的影响：如 Guthmann（1934）通过对 1929—1932 年经济大萧条前后西方国家工业企业的短期资产和短期负债的变化，发现经济周期等宏观经济因素对营运资本有重要影响。Chiou 和 Cheng（2006）通过研究影响中国台湾企业营运资本的显著因素认为应包括外生变量（宏观经济变量）和内生变量（企业内部变量），研究发现在经济处于滞涨期时企业有更多的营运资本需求。Zariyawati et al.（2010）研究发现，经济增长与营运资本呈现正相关的关系说明企业在经济繁荣期会将更多资金投入营运资本。Sonia Baños-Caballero（2010）研究结果显示，经济增长前景越好，营运资本需求越高。Hill、Kelly 和 Highfield（2010）研究了影响美国企业营运资本的更加重要的影响因素发现营运资本需求与金融危机成负相关的关系。Sathyamoorthi et al.（2008）调查发现在经济波动比较大的环境下，企业倾向于选择保守的营运资金管理模式。Duggal et al.（2012）研究发现，金融危机对营运资本有重大影响，企业会持有更多的营运资本以应对金融危机。此外，有效的营运资本管理在宏观经济周期上行期是至关重要的（Lo，2005）。吕峻（2015）研究发现，由于营运资本投资主要受不对称调整成本而不是常规投融资因素的影响，营运资本逆经济周期波动；相对于经济周期上行期，经济周期下行期经济增速的变化对于营运资本的影响更为显著。张淑英（2017）检验了不同经济周期下供应链合作关系对营运资金在产品市场竞争力的影响。结果发现：经济周期是影响公司营运资金在产品市场竞争效应的重要因素，经济周期下行期，公司营运资金增加会带来更高的市场竞争效应。

（2）GDP 对营运资本的影响

GDP 对营运资本管理的影响：如 Caballero et al.（2009）使用西班牙 4 076 家小型和中型企业 2001—2005 年的面板数据进行分析发现，CCC 是衡量营运资本管理效率的有效指标，CCC 与贷款利率和 GDP 没有显著关系。Sonia Baños-Caballero（2010）发现宏观经济因素中的利率和 GDP 对营运资本需求的影响不显著，原因为文章所选择的研究期限较短，以及两个变量在这段时间比较稳定。Ebrahim Manoori（2012）研究了新加坡 752 家企业 2003—2010 年的营运资本影响因素发现，GDP 与 CCC 呈显著的负相关关系。王竹泉（2012）认为信贷供给会通过营运资本渠道对实体经济产生较大的、持续的影响，货币政策对此起到了抑制作用。

（3）通货膨胀率对营运资本管理的影响

通货膨胀率对营运资本管理的影响：如 Harrison David et al.（1983）通过案例分析探讨了通货膨胀对营运资本的影响。汪伟、赵冬雨

（2012），赵秋君、危倩（2011）考虑到作为宏观经济因素之一的通货膨胀对营运资本管理的影响，虽然对其在理论上进行了解释，但是缺乏实证方面的检验，也没有考虑到宏观经济政策波动对各个行业上市公司营运资本管理的影响，不利于指导各个行业上市公司在不同的经济周期和融资约束下调整营运资本管理策略。

（4）货币政策对营运资本的影响

货币政策对营运资本管理的文献，主要集中在货币政策对营运资本的各个构成要素的影响研究，如祝继高等（2009）、Han 和 Qiu（2007）、代光伦等（2012）研究了货币政策与现金持有水平的关系，发现企业的现金持有水平会随着货币政策紧缩程度的变化而变化，当货币政策趋于从紧时，外部融资约束增强，企业会提高现金持有水平。当货币政策趋于宽松时，外部融资约束降低，企业会降低现金持有水平。蒋水全等（2018）认为货币政策可以通过信贷渠道和利率渠道影响公司的现金持有行为。当央行货币政策趋紧时，公司表现出明显的现金累积倾向，现金调整速度亦减慢，反之亦然。王怀明、顾洪溢（2017）借鉴 Fama 和 French（1998）的经典企业价值回归模型，以货币政策为出发点，对中国上市公司现金持有的市场价值进行了实证分析。研究结果表明：货币政策对公司现金持有的市场价值影响较大，且相比于宽松的货币政策，紧缩的货币政策会显著提高企业现金持有的市场价值。Meltzer（1960）、Cumby（1983）、陆正飞等（2011）和 Kashyap et a.l（1993）等研究了货币政策与商业信用的关系。有关货币政策与营运资本整体的研究到目前为止主要有吴娜、孙宇（2013）以 2002—2011 年在中国沪深两市上市的 73 家钢铁行业公司的面板数据为样本。研究发现，货币流量增速与营运资本相关，并且与营运资本表现为显著的负相关关系。于博、吴娜（2014）以房地产行业 2007—2011 年财务数据为样本，解读政府能动性（货币政策）对厂商能动性（营运资本平滑）的影响机理。吕峻（2015）货币政策和经济周期的叠加会加强或弱化营运资本的经济周期效应；货币政策在不同的经济时期会对营运资本产生不对称的影响，宽松的货币政策在经济上行时会促使企业增加营运资本投资，在经济下行时会促使企业应收账款周转加快，改善企业流动性状况。

（5）产品市场竞争对营运资本的影响

杨兴全、付玉梅（2016）指出市场化进程的提高会显著弱化地理位置对公司现金持有水平及其价值的负向影响；进一步研究表明，偏远地区公司现金持有的"双低并存"源于管理层的过度投资行为，上述代理行为在降低公司现金持有水平的同时也损害了其持有价值，验证了地理位置影响公司现金持有的代理冲突途径，市场化进程的提高则能有效缓解地理位置引致的过度投资行为。Andrew Harris（2005）认为公司不仅必须考虑到组织内部和外部所有营运资本的驱动力，还要考虑到这些驱动力在商业和市场发生变化时的敏感性。陈收等（2013）基于融资约束检验营运资本规模对产品市场竞争绩效的影响，以及营运资本规模与产品市场竞争绩效之间的关系对外部融资环境变动的反应。结果表明营运资本促进了企业市场份额增长，提高了竞争绩效。不同融资约束下营运资本规模与产品市场竞争绩效间的关系对外部融资环境变化的反应不同。当外部融资环境变得恶劣时，融资约束程度较高的企业的营运资本规模与竞争绩效的关系对外部融资环境变化更加敏感。

（6）国家地区差异、制度环境对营运资本的影响

Etiennot et al.（2012）通过对亚、欧、北美和拉丁美洲2000—2007年上市公司进行实证分析发现，不同区域、行业、国家的企业营运资金管理水平和模式差异很大。Markus Mättö et a.l（2014）研究发现法律体系越安全，对投资者保护越好的国家，企业持有的营运资本越少，以市场为基础的资本分配系统国家比以银行为基础的资本分配系统国家对营运资本的管理更加有效。

2.2.4　营运资本的动态调整研究

有关营运资本管理的动态调整无论在国外还是国内都鲜有研究，目前国外仅有的关于该方面的研究主要包括：Lee 和 Wu（1988）、Peles 和 Schneller（1989）认为企业的流动资产项目有目标值，他们使用局部调整模型具体分析了包括流动资产项目的财务比率对于激发管理或市场进行持续的调整非常重要。Sonia Baños-Caballero（2010）通过实证检验得出企业的营运资本需求存在目标值，并认为企业会通过有效的营运资本管理使

营运资本需求逐渐接近目标值。吴娜（2013）从经济周期、融资约束的角度对营运资本的动态调整进行了研究发现：企业存在目标营运资本需求，并且其受货币政策和财政政策的影响显著；在不同的经济周期下，不同融资约束的企业的营运资本需求会以不同的速度向目标营运资本需求调整；张淑英（2015）认为宏观经济形势的变化对企业的目标营运资金需求量有显著的影响。此外，王满等（2016）从公司治理的视角对营运资本的动态调整进行了分析后发现：当营运资本持有量达到一个目标值时会使得企业业绩最优，在企业营运资本持有量向目标值调整的过程中，公司治理水平越高，营运资本持有量的调整速度越快。陈克兢等（2015）从公司特征、公司治理和宏观环境三个方面出发，检验了上市公司营运资金的影响因素，探讨了上市公司营运资金调整速度存在显著的区域差异，并分析了营运资金调整方向的趋势。上述文献研究均表明营运资本存在动态收敛特征。

2.2.5 发展动态分析

综合以上的文献，可以看出国内外学者对于营运资本管理影响因素的研究主要倾向于企业内部的可控因素的静态分析，对于不同宏观经济因素如何动态地影响营运资本管理，以及营运资本管理在不同的宏观经济因素影响下如何进行动态调整尚缺乏相应的理论支持。在金融危机再次席卷全球的后危机时代，企业面临的风险比以往更大，企业的营运资本管理受到宏观经济周期波动的影响也更大，中国海洋大学企业营运资金管理研究课题组研究发现，2012年中国上市公司营运资本管理受到欧债危机的负面影响仍然十分显著。因此，有关营运资本管理影响因素的研究路径必然经历从目前的静态的企业内部因素分析到基于个体异质性的宏观静态比较分析再到包含经济周期、宏观经济政策变量、制度环境和微观控制变量相结合的动态协同分析过程。

第 3 章

宏观经济政策与营运资本的行业异质性

3.1 ———————— 引　言 ————————

　　在 1929—1932 年的美国经济大萧条中，美国的很多企业由于资金链的断裂而相继破产，著名学者 Harry Anson Finney（1934）对美国四年的经济衰退进行深入研究后发现，营运资本管理失效对此次大萧条起到了推波助澜的作用。其认为在整体经济形势不容乐观的前提下，如果每个企业能够根据宏观经济形势的变化提前做好营运资本管理，绝大多数企业是可以转危为安的。营运资本管理从此作为一个重要的研究课题登上了历史舞台，从中也显示出营运资本管理与宏观经济形势的紧密联系。

　　如今在金融危机再次席卷全球的后危机时代，企业面临的风险比以往更大，企业的营运资本管理受到宏观经济波动的影响也更大，2010 年 8月，CFO 调查服务机构发布的《后经济衰退时代营运资金管理：亚洲市场调查报告》指出：在亚太地区，大部分财务经理认为全球性的经济衰退迫使公司必须压缩融资成本费用并加强风险管理，同时，他们也强调营运资本管理绩效的改善可以使得企业经营获得新的增长点。在这种环境下，财务经理尤其要关注如何保持流动性以确保公司营运资金管理高效运转。64% 的调查对象认为将现金储备重新投入到经营活动中是应该优先考虑的。加之中国在渐进改革的过程中，宏观经济和政策环境仍带有计划特征且变动频繁，具有双重的不确定性，并且伴随着频繁的政策变动，企业的外部资金供给环境急剧变化，企业融资的顺畅程度也随之改变，有限的融资渠道制约了企业的选择空间，从而使企业的营运资本管理势必受到宏观面、政策面因素的影响和金融市场供给条件的限制。

目前国内学者关于中国企业营运资本管理的研究大多着眼于企业的自身，忽视了宏观经济和政策环境作为金融市场供给面因素的影响。中国企业面临诸如货币政策、财政政策等宏观经济政策因素的影响。作为企业面临的外生冲击，这些宏观经济政策如何影响企业的营运资本是当前经济形势下迫切需要解决的问题。因此本章使用管理资产负债表视角下营运资本的概念，以中国深沪两市的各个行业上市公司的数据为样本检验了宏观经济政策与各个行业营运资本的相关性。与国内现有的研究相比，本章对中国上市公司营运资本的研究在实证方面无论是从广度上还是深度上都是一个拓展，具体表现为：首先，使用管理资产负债表视角下的营运资本指标对其行业的异质性进行实证检验；其次，将宏观经济政策因素纳入到营运资本模型的构建中，具体研究货币政策、财政政策如何影响中国上市公司各个不同行业的营运资本；最后，为企业在经济周期下行期如何优化营运资本提供了参考，对于宏观经济政策的制定和实施也具有重要的参考价值。

3.2 —— 理论基础与研究假设 ——

1. 货币政策与营运资本相关性的机理分析

由于货币供给增长速度的快慢和实际利率反映了国家货币政策的取向。因此，本章使用（M2-M1）/M1来衡量货币政策。当货币供给增长较快时，说明国家货币政策较为宽松，企业获得银行贷款比较容易，融资成本降低，大多数公司会选择扩大再生产，将资金更多地投入到固定资产，相应地减少营运资本投资；反之，当货币供给增长较慢时，表示国家正在紧缩银根，企业获得贷款的难度加大，企业融资成本增加，直接导致企业内部生产成本增加。这时，企业为了维持经营，一方面，会缩减存货的购进和减少产品的生产，同时降低人工费用；另一方面，由于资金紧缺，企业会尽量延长应付账款的偿还，并将注意力转移到对营运资本管理绩效的改善，以使企业经营获得新的增长点。因此，货币政策的取向会对企业面临的融资约束产生作用，进而影响到企业的营运资本。基于以上简要分析，作者提出假设1：货币政策与营运资本管理相关，并且与WCR负相关。

2. 财政政策与营运资本相关性的机理分析

财政政策手段主要包括财政支出增长率和税收，本章使用财政支出增长率指标衡量财政政策。国家财政支出的增长会刺激企业增加固定资产投资。由于营运资本与固定资产投资对现金流的竞争效应以及营运资本需求相对较低的调整成本，会使企业减少对营运资本的投资，并将释放出来的资金投入到固定资产上，营运资本是企业对冲固定资产投资需求的缓冲器。基于以上分析，作者提出假设2：财政支出增长率与营运资本负相关。

33

3.3 —————— 研究设计 ——————

本章采用2000—2016年在深沪两市上市的所有A股公司面板数据为样本，拟采用Spss19.0、Eviews9.0、Stata14等软件，通过Kruskal-Wallis H非参数检验、LSD检验分析了各个行业营运资本需求的异质性，并通过建立混合效应、固定效应和随机效应模型，对其进行GLS估计，检验了宏观经济政策对中国各个行业上市公司营运资本的影响，为第4章构建基于宏观经济政策的目标营运资本模型提供了经验证据。

3.3.1 样本选择

样本数据来源于深圳国泰安信息技术有限公司的中国上市公司财务年报数据库系统。为了满足面板数据分析的需要，使结果更有说服力，在样本的选择上剔除了数据不全的公司、金融保险业公司与ST、PT公司，将

2000—2016年在深沪两市上市的所有A股公司作为本次研究的样本，样本行业分类以中国证监会2012年修订的《上市公司行业分类指引》为标准。

3.3.2 变量设定

变量的定义见表3-1。

表3-1   **变量的定义**

性质	变量名称	符号	定义
解释变量	目标营运资本需求	WCR^*	$WCR^*=$（应收账款+应收票据+其他应收款+预付账款+存货）－（应付票据+应付账款+预收账款+应付职工薪酬+应交税费+其他应付款）/总资产
外生变量	货币供给量增速	DM	（M2－M1）/M1
	实际贷款利率	LIR	名义贷款利率－通货膨胀率
	财政支出增长速度	FE	
内生变量	固定资产投资	FA	固定资产/总资产
	现金流量	CFLOW	经营活动现金流量/总资产
	盈利能力	PRO	总资产净利润率
		RE	留存收益/总资产
		REVN	息税前利润/营业收入
	成长性	GROWTH	总资产增长率
	公司规模	SIZE	LN营业收入
	融资成本	FCOST	财务费用/负债－应付账款

3.3.3 模型设定

本章在 Sonia Baños-Caballero（2010）模型的基础上，增加宏观经济政策变量做相应的调整后[1]，模型的形式为：

$$WCR_{it} = \beta_0 + \beta_1 FE_{it-1} + \beta_2 DM_{it-1} + \beta_3 FA_{it} + \beta_4 RE_{it} + \beta_5 SIZE_{it} + \beta_6 FCOST_{it} + \beta_7 REVN_{it} + \beta_8 PRO_{it} + \beta_9 CFLOW_{it} + \beta_{10} GROWTH_{it} + u_i + \varepsilon_{it}$$

---

[1] 模型中删除了 $ZSCORE_{it}$，原因为其模型中含有 WCR_{it}，为了避免多重共线性，将其删除。此外，将原模型的 GDP_{it}，替换为 DM_{it-1} 和 FE_{it-1}，原因为原模型中的 GDP_{it} 回归结果并不显著，而滞后一期的 DM_{it-1} 和 FE_{it-1} 对 WCR_{it} 具有显著影响。

假设个体效应 u_i 是常量，u_i 代表恒定不变的影响营运资本管理的因素，其他随时间而变的因素的作用归入随机项 ε_{it} 中。

3.3.4　描述性统计分析

本章以 2000—2016 年在深、沪两市上市的所有 A 股公司作为本次研究的样本，并对 17 年数据较全的 9 个行业分别进行了营运资本需求的描述性统计，结果见表 3-2，从表中可以看出：

1）行业间的营运资本需求存在差异。

（1）总体特征上，农林牧渔业、制造业、公共管理和保障业、房地产业的营运资本需求/总资产比率比较高，均高于当年的总体样本平均值。其中，房地产业的营运资本需求远远高于其他行业，基本上达到其他两个行业营运资本需求的两倍左右。

（2）电力、煤气及水的生产和供应业、交通运输业、批发和零售贸易业这三个行业的营运资本需求比率比其他行业要低很多；采矿业除 2000 年以外，其他年份均低于当年的总体样本平均值。

（3）建筑业有的年份高于总体样本均值，有的年份低些，但偏移不多。

2）从纵向来看，中国上市公司的营运资本需求在 17 年中从总体上看表现为：在 2000—2006 年营运资本需求呈现不断上升趋势，由 17.31% 逐渐上升到 30.13%，2007—2008 年降为负数，从 2009 年开始从 6.99% 逐渐提升到 2011 年的 12.25% 后，2012—2016 年一直在 10%～12% 徘徊，但具体到各个不同的行业又表现为不同的趋势，其中：

（1）在营运资本需求高于总体均值的 3 个行业中，农、林、牧、渔业基本呈现出较为平稳的走势，制造业在 2000—2006 年呈现出稳步上升趋势，但在 2007 年由 2006 年的 37.24% 迅速下降到 11.19%，并在后续的三年中有逐年下降的趋势，直到 2011 年又缓慢回升，此后一直徘徊在 12%～16% 间；房地产业从 2000—2006 年有很大的上升趋势，从 46.8% 一直上升到 61.29%，但是到 2007 急转而下仅为 15.68%，2008—2016 年徘徊在 25%～38%，变化幅度较小。

表3-2

各行业营运资本需求描述性统计分析表

	2000年	2001年	2002年	2003年	2004年	2005年	2006年	2007年	2008年	2009年	2010年	2011年	2012年	2013年	2014年	2015年	2016年
农林牧渔业																	
均值	0.2578	0.2756	0.2249	0.2698	0.2712	0.2631	0.2453	0.1686	0.1314	0.1801	0.1763	0.2143	0.2147	0.2137	0.1824	0.1395	0.1250
中值	0.2101	0.2431	0.1854	0.2483	0.2575	0.2341	0.2226	0.1437	0.1371	0.1410	0.1639	0.2010	0.2245	0.2063	0.1594	0.1043	0.0583
最大值	0.6566	0.7933	0.5529	0.6820	0.7005	0.6871	0.8591	0.5237	0.5566	0.5375	0.5911	0.6168	0.5146	0.6956	0.7451	0.7496	0.7724
最小值	0.0044	0.0346	0.0376	-0.1749	-0.1794	-0.1305	-0.1171	-0.2555	-0.3301	-0.1926	-0.3838	-0.1267	-0.1214	-0.0903	-0.1078	-0.1668	-0.1384
标准差	0.1693	0.1731	0.1392	0.1711	0.1885	0.1783	0.1860	0.1655	0.2326	0.1642	0.1789	0.1597	0.1390	0.1737	0.1829	0.1823	0.1888
样本数（份）	17	19	20	23	27	28	30	30	31	29	39	38	37	38	38	42	42
采矿业																	
均值	0.2277	0.1332	0.1018	0.0799	0.0180	-0.0013	-0.0207	-0.0105	-0.0239	-0.0088	0.0160	0.0422	-0.1226	0.0398	0.0409	0.0480	0.0413
中值	0.1610	0.1104	0.0924	0.0167	0.0119	-0.0053	-0.0219	-0.0267	-0.0001	0.0199	-0.0020	0.0367	0.0179	0.0092	0.0248	0.0268	0.0018
最大值	0.7419	0.5683	0.4661	0.4954	0.2427	0.1844	0.1897	0.2585	0.1927	0.2739	0.3269	0.3278	0.3630	0.4270	0.4170	0.4557	0.3914
最小值	-0.0219	-0.1528	-0.1342	-0.1633	-0.1442	-0.1965	-0.2313	-0.1789	-0.4454	-0.5234	-0.3672	-0.2657	-9.2181	-0.1923	-0.1952	-0.2773	-0.1597
标准差	0.2210	0.1871	0.1693	0.1592	0.1089	0.0933	0.1241	0.0899	0.1374	0.1398	0.1457	0.1234	1.2337	0.1176	0.1135	0.1295	0.1345
样本数（份）	12	16	16	19	22	22	23	31	33	38	48	52	57	60	64	67	67
电力、煤气及水的生产和供应业																	
均值	0.1620	0.1088	0.0598	0.0673	0.0720	0.0712	0.0418	0.0245	0.0250	-0.0095	-0.0118	-0.0015	-0.0050	-0.0239	-0.0369	-0.0378	-0.0449
中值	0.1097	0.0797	0.0487	0.0451	0.0307	0.0325	0.0123	0.0170	0.0059	-0.0087	-0.0073	0.0004	-0.0103	-0.0206	-0.0296	-0.0341	-0.0300
最大值	0.8326	0.4268	0.2824	0.4403	0.3587	0.4670	0.3171	0.5173	0.3789	0.3273	0.3736	0.4047	0.3102	0.3235	0.2037	0.2017	0.2217
最小值	-0.0907	-0.0557	-0.1377	-0.1371	-0.1040	-0.0883	-0.1534	-0.1165	-0.0969	-0.2937	-0.3577	-0.4269	-0.3613	-0.4071	-0.3560	-0.4257	-0.5654
标准差	0.2026	0.1169	0.0786	0.1200	0.1079	0.1153	0.0952	0.0929	0.0892	0.1040	0.1130	0.1132	0.1111	0.1151	0.1059	0.0904	0.0939
样本数（份）	40	43	47	49	57	57	58	59	59	64	71	72	79	79	83	90	98
建筑业																	
均值	0.4146	0.3655	0.2081	0.2460	0.2341	0.1981	0.1348	0.0666	0.0853	0.0530	0.0733	0.1141	0.1330	0.1106	0.1307	0.1571	0.1584

续表

项目	2000年	2001年	2002年	2003年	2004年	2005年	2006年	2007年	2008年	2009年	2010年	2011年	2012年	2013年	2014年	2015年	2016年
中值	0.3859	0.2709	0.1822	0.1810	0.2116	0.1770	0.1160	0.0794	0.0973	0.0806	0.0801	0.1205	0.1414	0.1298	0.1499	0.1736	0.1799
最大值	0.8847	0.8989	0.5110	0.9795	0.9284	0.7585	0.5302	0.3357	0.5323	0.5312	0.4200	0.5389	0.5525	0.4657	0.4508	0.8089	0.5735
最小值	0.0166	0.0081	-0.0232	0.0050	-0.2753	-0.1951	-0.2923	-0.3121	-0.3702	-0.4050	-0.3414	-0.4203	-0.5210	-0.5388	-0.4587	-0.5149	-0.4799
标准差	0.2298	0.2883	0.1693	0.2204	0.2253	0.1986	0.1843	0.1721	0.2065	0.1971	0.1711	0.1803	0.1923	0.2039	0.1872	0.2123	0.1957
样本数(份)	14	15	17	22	26	26	30	34	34	40	40	47	60	63	65	77	89
交通运输业 均值	0.1288	0.0911	0.0681	0.0672	0.0512	0.0281	0.0263	-0.0456	-0.0238	-0.0228	-0.0157	-0.0191	0.0077	-0.0378	0.0113	0.0107	0.0197
中值	0.1067	0.0660	0.0260	0.0119	0.0016	-0.0120	-0.0056	-0.0061	-0.0197	-0.0169	-0.0216	-0.0158	-0.0103	-0.0095	-0.0157	-0.0151	-0.0068
最大值	0.9542	0.7937	0.8436	0.4839	0.7175	0.6363	0.3771	0.3219	0.2477	0.3928	0.3497	0.3364	0.3815	0.4165	0.4692	0.3218	0.4835
最小值	-0.4451	-0.1750	-0.1751	-0.1471	-0.3728	-0.5615	-0.1501	-1.7476	-0.5673	-0.5957	-0.5066	-0.9926	-0.3102	-4.2577	-0.3202	-0.3025	-0.2586
标准差	0.2496	0.1701	0.1685	0.1375	0.1783	0.1761	0.1080	0.2532	0.1385	0.1363	0.1207	0.1543	0.1214	0.4930	0.1295	0.1132	0.1175
样本数(份)	36	41	45	48	51	52	56	60	62	67	72	75	80	81	82	85	88
批发零售业 均值	0.2065	0.1615	0.1338	0.1296	0.1121	0.1030	0.0764	-0.0555	-0.0589	-0.0804	-0.0336	0.0037	0.0320	0.0348	0.0159	0.0220	0.0288
中值	0.1849	0.1791	0.1447	0.1109	0.0908	0.0758	0.0596	-0.0339	-0.0414	-0.0636	-0.0032	0.0184	0.0707	0.0769	0.0055	0.0454	0.0483
最大值	0.7685	0.7584	0.8892	0.9770	1.1319	1.4209	1.4471	0.4520	0.4853	0.3816	0.7050	0.6818	0.6625	0.6125	0.5946	0.5093	0.4992
最小值	-0.1673	-2.8591	-0.5163	-0.3379	-0.4437	-0.5424	-0.4806	-0.4500	-0.5248	-0.7529	-0.6299	-0.6131	-0.7092	-0.4669	-0.6810	-0.4817	-0.4917
标准差	0.2221	0.3929	0.2207	0.2323	0.2425	0.2658	0.2878	0.2117	0.2147	0.2221	0.2508	0.2560	0.2545	0.2461	0.2458	0.2259	0.2148
样本数(份)	86	89	93	93	94	94	95	93	95	96	109	121	149	151	149	151	153
房地产业 均值	0.4680	0.4799	0.4328	0.5035	0.5284	0.6544	0.6129	0.1568	0.3766	0.2585	0.3248	0.3498	0.3042	0.3218	0.3484	0.3226	0.2588
中值	0.4763	0.4448	0.3905	0.4761	0.4565	0.4370	0.4065	0.2842	0.3998	0.2910	0.3367	0.3705	0.3415	0.3374	0.3834	0.3624	0.2876
最大值	1.1704	1.6417	2.2849	1.7565	4.6740	8.3789	8.8958	0.8674	0.8926	0.6766	0.8465	0.8169	0.7365	0.7121	0.8211	0.8066	0.7724
最小值	-0.3657	0.0154	-0.3960	0.0920	0.0195	-0.1406	-0.1019	-9.9400	-0.7153	-3.7148	-0.1916	-0.2063	-0.4406	-0.2630	-0.2776	-0.1598	-0.2802
标准差	0.2716	0.2891	0.3573	0.2830	0.6044	1.2790	1.1735	1.2458	0.2422	0.4644	0.1897	0.1923	0.2059	0.2122	0.2173	0.2073	0.2024
样本数(份)	53	57	58	58	60	60	62	70	78	89	113	119	129	123	121	123	120
公共管理和社会组织 均值	0.3734	0.3255	0.2524	0.3265	0.3187	0.3203	0.2836	0.0764	0.1133	0.0606	0.0653	0.0745	-0.0519	0.0486	0.1168	0.0545	0.1021
中值	0.3454	0.3452	0.2514	0.3106	0.3109	0.2658	0.2878	0.0960	0.1456	0.0440	0.0542	0.0840	0.0644	0.0505	0.1446	0.1277	0.0972
最大值	1.2663	0.9121	0.8240	1.1621	1.0367	1.1091	0.9443	0.5453	0.8040	0.5126	0.5135	0.3950	0.6380	0.6894	0.6982	0.7302	0.7857
最小值	0.0141	-0.0963	-0.3591	-0.0742	-0.1793	-0.6987	-0.6944	-1.2106	-2.2586	-1.9395	-0.7676	-0.6564	-2.1141	-0.5793	-0.5739	-1.1253	-0.6376
标准差	0.2338	0.2051	0.2027	0.2554	0.2599	0.3228	0.2869	0.2827	0.3822	0.3368	0.2159	0.2182	0.5835	0.3055	0.3190	0.3795	0.2414
样本数(份)	60	60	60	60	60	60	61	61	57	57	50	48	18	21	21	23	23
制造业 均值	0.1860	0.2491	0.2015	0.2197	0.2234	0.2209	0.1745	0.1119	0.0784	0.0821	0.0891	0.1381	0.1406	0.1575	0.1475	0.1342	0.1255

续表

中值	0.1264	0.1350	0.1463	0.1595	0.1612	0.1670	0.1346	0.1090	0.1233	0.1366	0.1589	0.1766	0.1877	0.1897	0.1776	0.2150	0.1675
最大值	0.0814	0.6483	0.8218	0.7291	0.7124	0.7664	0.7415	0.7208	0.7393	0.6154	1.8684	7.1935	7.1213	2.9785	3.1356	1.1490	1.4383
最小值	-0.6502	-1.0142	-0.8936	-1.1722	-11.9569	-8.2589	-28.4728	-6.3205	-13.2617	-5.6038	-1.1475	-1.5515	-0.8900	-0.7035	-1.0726	-2.1290	-0.5433
标准差	0.1475	0.1499	0.1584	0.1591	0.3984	0.3856	0.8636	0.3361	0.5975	0.2821	0.2218	0.4442	0.3471	0.2263	0.2368	0.2087	0.1839
样本数(个)	1904	1726	1611	1525	1498	1404	1238	993	908	873	802	753	745	678	640	594	1525
C1																	
均值	0.0983	0.1200	0.1368	0.1319	0.1292	0.1368	0.1196	0.0863	0.1080	0.1271	0.1939	0.2656	0.2568	0.2505	0.2327	0.2596	0.2851
中值	0.0868	0.1106	0.1212	0.1258	0.1260	0.1303	0.1279	0.0852	0.0985	0.1237	0.1664	0.2065	0.1947	0.2213	0.2074	0.2260	0.2643
最大值	0.6239	0.6008	0.6293	0.6192	0.6058	0.5270	0.6175	0.4945	0.6405	0.5353	0.8062	4.3601	2.5432	1.3112	3.1356	1.0556	1.3314
最小值	-0.4233	-0.2919	-0.3736	-0.5662	-0.4748	-0.2569	-0.5554	-0.6548	-0.4257	-0.3522	-0.3865	-0.1813	-0.1510	-0.0666	-0.0912	-0.1108	-0.0602
标准差	0.1553	0.1465	0.1606	0.1603	0.1662	0.1555	0.1649	0.1641	0.1718	0.1607	0.1883	0.4512	0.2990	0.2123	0.3437	0.1981	0.2137
样本数(个)	196	182	175	166	163	154	140	125	119	119	113	107	104	96	91	85	78
C2																	
均值	0.1002	0.1091	0.1219	0.1361	0.033	0.0954	0.0824	0.0657	0.0839	0.1135	0.1681	0.1873	0.2033	0.1995	0.1746	0.2310	0.2720
中值	0.1095	0.1066	0.1266	0.1408	0.1420	0.1517	0.1288	0.1022	0.1126	0.1316	0.1461	0.1642	0.1762	0.1772	0.1558	0.1877	0.2308
最大值	0.6757	0.6483	0.6698	0.6078	0.6605	0.5349	0.5289	0.4460	0.4965	0.5551	1.3717	1.1558	-0.7897	0.7702	0.6919	1.1490	1.0532
最小值	-0.5754	-1.0142	-0.6014	-0.5940	-11.9569	-8.2589	-6.9736	-3.2205	-5.2141	-1.4083	-1.1308	-1.0430	-0.7897	-0.6582	-1.0726	-0.1574	-0.0672
标准差	0.1387	0.1511	0.1537	0.1536	0.6009	0.3690	0.4330	0.4087	0.3571	0.1874	0.2313	0.2213	0.2175	0.1800	0.1751	0.1887	0.1824
样本数(个)	541	491	461	442	441	425	375	313	287	270	256	242	243	216	204	195	173
C3																	
均值	0.1349	0.1446	0.1580	0.1696	0.1579	0.1566	0.1218	0.0902	0.0770	0.1138	0.1699	0.2090	0.2212	0.2176	0.2072	0.2556	0.1896
中值	0.1377	0.1457	0.1656	0.1737	0.1774	0.1798	0.1377	0.1225	0.1265	0.1380	0.1737	0.1804	0.1893	0.1893	0.1827	0.2296	0.1746
最大值	0.6227	0.6349	0.8218	0.6546	0.6723	0.6494	0.6759	0.5218	0.6056	0.5689	1.8684	6.1768	7.1213	2.8980	0.9182	1.4383
最小值	-0.6502	-0.5459	-0.8936	-1.1722	-5.3648	-4.3999	-2.6477	-4.0800	-13.2617	-1.6444	-1.1515	-1.5515	-0.8900	-0.5231	-2.1290	-0.5433
标准差	0.1453	0.1460	0.1573	0.1582	0.2893	0.2870	0.2113	0.2900	0.6690	0.2269	0.2228	0.4132	0.4237	0.2339	0.2273	0.1846
样本数(个)	1102	999	926	872	856	778	681	521	469	451	406	380	374	323	292	810
C4																	
均值	0.1920	0.2193	0.2279	0.2295	0.2337	0.2221	-0.4827	-0.0936	-0.0559	0.0169	0.2242	0.5479	0.3167	0.3168	0.2389	0.2834	0.3188
中值	0.1838	0.2098	0.2078	0.2278	0.2220	0.2161	0.2009	0.1825	0.2339	0.1961	0.1610	0.2243	0.2660	0.2687	0.2137	0.2477	0.2927
最大值	0.7814	0.6183	0.7457	0.7291	0.7124	0.7664	0.7415	0.7208	0.7393	0.6154	1.1645	7.1935	1.2302	1.2277	0.7761	0.6187	0.9288
最小值	-0.3767	-0.1296	-0.0519	-0.1216	-0.0765	-0.5103	-28.4728	-3.2492	-8.4613	-0.2329	-0.0886	-0.0886	-0.0205	0.0261	-0.4024	0.0521	0.0515
标准差	0.1928	0.1702	0.1722	0.1817	0.1978	0.2230	4.4277	0.6219	1.5173	1.0215	0.2448	1.4318	0.2644	0.2591	0.2285	0.1512	0.2192
样本数(个)	65	54	49	45	38	47	42	34	33	33	27	24	24	22	22	22	22
全样本																	
均值	0.1091	0.1177	0.1284	0.1343	0.1242	0.1240	0.0784	0.0658	0.0782	0.0822	0.1792	0.2191	0.2162	0.2150	0.1929	0.2405	0.2834
中值	0.1075	0.1180	0.1283	0.1395	0.1392	0.1440	0.1122	0.0878	0.0984	0.1002	0.1463	0.1674	0.1755	0.1800	0.1672	0.2077	0.2463
最大值	0.7857	0.8089	0.8218	0.7291	0.7365	0.8169	0.8465	0.7208	0.8926	0.8674	8.8958	8.3789	7.1213	2.9785	3.1356	1.6417	1.4383
最小值	-0.6502	-1.1253	-0.8936	-4.2577	-11.9569	-8.2589	-28.4728	-6.3205	-13.2617	-9.9400	-1.1475	-1.5515	-0.8900	-0.7035	-1.0726	-2.8591	-0.4696
标准差	0.1662	0.1755	0.1852	0.2065	0.3481	0.3366	0.7506	0.3359	0.4952	0.3905	0.3597	0.4831	0.3396	0.2386	0.2408	0.2451	0.2224
样本数(个)	2951	2668	2480	2363	2316	2184	1952	1611	1467	1413	1305	1231	1221	1126	1067	1000	921

在制造业进一步细分的四类中：C1、C2、C3、C4均呈现出从2000—2006年逐年下降的趋势，并且2007—2009年三年下降的幅度很大，从2010年略有回升，但2010—2016年始终徘徊在一个稳定的区间内。

（2）采矿业、电力、煤气及水的生产和供应业、批发和零售贸易业、交通运输业和仓储业这四个行业不仅营运资本需求比率比其他行业要低很多，甚至达到负的水平，而且在发展趋势上表现为：批发和零售贸易业、采矿业从2000年开始一直处于下降的态势，直到2010年开始回升，但升幅不大；电力、煤气及水的生产和供应业在2000年的16.2%逐年下降，直到2009年转为负数，此后一直在负数上徘徊。

（3）建筑业的营运资本需求从2000年的41.46%开始，呈现出逐年下降的趋势，直到2007年下降幅度最大，此后连续四年徘徊在5%～8%，从2011—2016年略有回升，徘徊在11%～16%。但信息传输、软件业于2007年呈现断崖式下滑，由2006年的30.25%下降为2007年的−1.25%，后期虽略有回升，但走势忽高忽低。

3.3.5　营运资本需求行业间差异的假设检验

中国上市公司不同行业间营运资本需求比较的Kruskal-Wallis H检验结果见表3-3。

表3-3　各行业2000—2016年营运资本需求/总资产的Kruskal-Wallis H检验

	2000—2016年	2000年	2001年	2002年	2003年	2004年
Chi-Square（卡方检验值）	4 387.539	111.233	152.474	169.841	196.876	211.488
df	17	14	14	14	14	14
P 值	0.000***	0.000***	0.000***	0.000***	0.000***	0.000***
	2005年	2006年	2007年	2008年	2009年	2010年
Chi-Square（卡方检验值）	193.492	216.702	235.148	265.268	278.019	362.423
df	14	15	16	16	16	16
P 值	0.000***	0.000***	0.000***	0.000***	0.000***	0.000***
	2011年	2012年	2013年	2014年	2015年	2016年
Chi-Square（卡方检验值）	405.737	360.664	360.981	395.975	387.446	358.004
df	16	16	16	16	16	16
P 值	0.000***	0.000***	0.000***	0.000***	0.000***	0.000***

注：***表示在99％的水平上显著。

从表3-3中可以看出，2000—2016年概率P值都为0.000，在显著性水平a为0.01的情况下，由于这17年的概率P值小于显著性水平a，应拒绝原假设，认为中国上市公司各行业的营运资本需求的平均秩差异是显著的，即不同行业间的营运资本需求具有非常显著的差异。进一步对各行业间营运资本需求比率进行LSD检验（结果略），结果说明：中国上市公司行业间的营运资本需求具有非常显著的差异，并且这种行业间的营运资本需求显著的差异并不是由于个别行业的异常值所引起的，而是在行业之间普遍存在的。

3.3.6　相关性分析

由上面的分析可以看出，行业因素是影响中国上市公司营运资本的重要因素。因此，有必要对影响中国上市公司各个行业营运资本异质性的宏观与微观因素进行分析。全行业数据相关系数见表3-4。

表3-4　　　　　　　　　　　**全行业数据相关系数表**

	WCR	FE	DM	FA	RE	PRO	REVN	GROWTH	CFLOW	SIZE	FCOST
WCR	1.000										
FE	-0.010*	1.000									
DM	-0.011*	-0.628***	1.000								
FA	-0.034***	0.048***	-0.156***	1.000							
RE	0.438***	-0.010	0.008	0.012**	1.000						
PRO	-0.630***	0.007	-0.005	-0.008	-0.940***	1.000					
REVN	-0.260***	0.005	0.003	-0.020**	-0.441***	0.456***	1.000				
GROWTH	-0.004	0.012**	0.022***	-0.158***	0.010*	-0.009	-0.001	1.000			
CFLOW	-0.043***	0.011*	-0.005	0.047***	-0.047***	0.003	0.004	-0.012**	1.000		
SIZE	0.013**	-0.098***	0.203***	0.075***	0.058***	-0.042***	0.025***	-0.029***	0.017**	1.000	
FCOST	-0.225***	0.016***	-0.044***	0.109***	-0.388***	0.394***	0.180***	-0.049***	-0.007	0.051***	1.000

注：$^*P<0.1$，$^{**}P<0.05$，$^{***}P<0.01$。

从表3-4可以看出，在显著性水平a为0.01时，也就是相关系数旁边为两个星号（**）的P值均为0，说明各项指标之间不存在显著的相关关系，即多重共线性问题。在显著性水平a为0.05时，也就是相关系数旁边为一个星号（*）的P值在50%以下，说明两者之间也不存在多重共线性问题。

3.4　回归结果

通过对 29 276 家全行业企业 2000—2016 年的非平衡面板数据建立混合效应模型、固定效应模型和随机效应模型，并通过双 F 检验和 Hausman 检验（见表 3-5），其 P 值均为 0，说明应拒绝混合效应模型和随机效应模型，选用固定效应模型。全行业回归结果见表 3-6。

表 3-5　　　　　　　　　　全行业模型设定检验

	统计量	P值
F 检验	8.52	0.000
Chi2 检验	9 354.90	0.000
Hausman 检验	318.25	0.000

表 3-6　　　　　　　　　　全行业回归结果

	混合效应模型	固定效应模型	随机效应模型
FE	−0.005***	−0.005***	−0.005***
	(−19.03)	(−25.69)	(−25.19)
DM	−0.129***	−0.148***	−0.140***
	(−34.25)	(−41.69)	(−42.77)
FA	−0.334***	−0.214***	−0.254***
	(−56.44)	(−27.10)	(−36.29)
RE	0.185***	0.193***	0.197***
	(47.48)	(46.27)	(50.57)
PRO	0.131***	0.004***	0.004***
	(4.99)	(4.11)	(3.70)
REVN	−0.083***	−0.064***	−0.065***
	(−12.07)	(−14.84)	(−15.17)
GROWTH	−0.055***	−0.053***	−0.054***
	(−23.67)	(−27.44)	(−28.43)
CFLOW	−0.695***	−0.475***	−0.519***
	(−50.97)	(−42.34)	(−47.15)
SIZE	−0.025***	−0.020***	−0.024***
	(−35.98)	(−17.37)	(−25.98)
FCOST	0.485***	0.327***	0.366***
	(30.00)	(18.25)	(22.61)
常数项	1.123***	1.012***	1.096***
	(66.31)	(45.53)	(58.36)
N	29 276	29 276	29 276
R²-adj	0.297	0.341	0.358

注：（1）括号中为 t 值；（2）*P<0.1，**P<0.05，***P<0.01。

通过对 6 715 家制造业企业 2000—2016 年的平衡面板数据建立混合效应模型、固定效应模型和随机效应模型，并通过双 F 检验和 Hausman 检验（见表 3-7），其 P 值均为 0，说明应拒绝混合效应模型和随机效应模型，选用固定效应模型。制造业回归结果见表 3-8。

表 3-7　　　　　　　　　制造业模型设定检验

	统计量	P 值
F 检验	9.82	0.000
Chi2 检验	2 713.52	0.000
Hausman 检验	150.66	0.000

表 3-8　　　　　　　　　制造业回归结果

	混合效应模型	固定效应模型	随机效应模型
FE	−0.005***	−0.004***	−0.004***
	(−9.82)	(−10.64)	(−10.96)
DM	−0.152***	−0.133***	−0.139***
	(−19.59)	(−18.59)	(−20.01)
FA	−0.299***	−0.211***	−0.231***
	(−23.25)	(−11.71)	(−14.23)
RE	0.217***	0.251***	0.243***
	(29.32)	(29.52)	(30.07)
PRO	0.333***	0.276***	0.283***
	(6.11)	(5.63)	(5.82)
REVN	−0.137***	−0.126***	−0.128***
	(−7.20)	(−7.31)	(−7.49)
GROWTH	−0.067***	−0.060***	−0.061***
	(−8.00)	(−8.22)	(−8.42)
CFLOW	−0.502***	−0.483***	−0.488***
	(−17.36)	(−19.02)	(−19.35)
SIZE	−0.032***	−0.044***	−0.040***
	(−21.64)	(−19.16)	(−20.23)
FCOST	1.554***	0.931***	1.028***
	(20.56)	(11.67)	(13.37)
常数项	1.258***	1.448***	1.398***
	(38.82)	(33.17)	(35.68)
N	6 715	6 715	6 715
R²-adj	0.301	0.301	0.317

注：（1）括号中为 t 值；（2）*P<0.1，**P<0.05，***P<0.01。

通过对 1 493 家房地产企业 2000—2016 年的非平衡面板数据建立混合效应模型、固定效应模型和随机效应模型，并通过双 F 检验和 Hausman 检验（见表 3-9），其 P 值均为 0，说明应拒绝混合效应模型和随机效应模型，选用固定效应模型。房地产业回归结果见表 3-10。

表 3-9　　　　　　　　　　房地产业模型设定检验

	统计量	P 值
F 检验	8.33	0.000
Chi2 检验	484.89	0.000
Hausman 检验	353.57	0.000

表 3-10　　　　　　　　　　房地产业回归结果

	混合效应模型	固定效应模型	随机效应模型
FE	−0.010***	−0.008***	−0.008***
	(−7.03)	(−6.82)	(−7.19)
DM	−0.268***	−0.167***	−0.192***
	(−11.48)	(−8.04)	(−9.44)
FA	−0.592***	−0.211***	−0.275***
	(−10.06)	(−3.63)	(−4.91)
RE	−0.055***	0.010***	0.009***
	(−3.35)	(9.37)	(8.25)
PRO	−0.136***	−0.123***	−0.130***
	(−6.57)	(−8.19)	(−8.52)
REVN	−0.024***	−0.000**	−0.000*
	(−2.61)	(−2.47)	(−1.78)
GROWTH	−0.019**	−0.023***	−0.025***
	(−2.33)	(−3.40)	(−3.67)
CFLOW	−0.429***	−0.427***	−0.436***
	(−9.87)	(−11.42)	(−11.70)
SIZE	0.007*	−0.013***	−0.007*
	(1.78)	(−2.82)	(−1.82)
FCOST	1.271***	0.051**	0.050**
	(4.17)	(2.24)	(2.14)
常数项	0.949***	1.112***	1.035***
	(10.34)	(11.47)	(11.66)
N	1 493	1 493	1 493
R^2-adj	0.212	0.267	0.265

注：（1）括号中为 t 值；（2）*P<0.1，**P<0.05，***P<0.01。

通过对1911家批发零售企业2000—2016年的非平衡面板数据建立混合效应模型、固定效应模型和随机效应模型，并通过双F检验和Hausman检验（见表3-11），其P值均为0，说明应拒绝混合效应模型和随机效应模型，选用固定效应模型。批发零售业回归结果见表3-12。

表3-11 批发零售业模型设定检验

	统计量	P值
F检验	8.62	0.000
Chi2检验	703.64	0.000
Hausman检验	80.19	0.000

表3-12 批发零售业回归结果

	混合效应模型	固定效应模型	随机效应模型
FE	-0.007^{***}	-0.006^{***}	-0.006^{***}
	(-6.39)	(-6.51)	(-6.81)
DM	-0.214^{***}	-0.192^{***}	-0.190^{***}
	(-12.06)	(-11.71)	(-12.18)
FA	-0.603^{***}	-0.271^{***}	-0.365^{***}
	(-21.68)	(-7.20)	(-10.88)
RE	0.101^{***}	0.103^{***}	0.104^{***}
	(4.29)	(4.09)	(4.44)
PRO	-0.333^{***}	-0.372^{***}	-0.366^{***}
	(-3.07)	(-4.07)	(-4.05)
REVN	-0.019^{***}	-0.017^{***}	-0.017^{***}
	(-3.17)	(-3.64)	(-3.62)
GROWTH	-0.035^{**}	-0.033^{***}	-0.027^{**}
	(-2.24)	(-2.59)	(-2.15)
CFLOW	-0.869^{***}	-0.648^{***}	-0.685^{***}
	(-15.81)	(-14.71)	(-15.53)
SIZE	-0.024^{***}	-0.018^{***}	-0.021^{***}
	(-7.84)	(-3.33)	(-4.86)
FCOST	2.718^{***}	1.525^{***}	1.846^{***}
	(14.72)	(7.42)	(9.79)
常数项	1.236^{***}	0.972^{***}	1.072^{***}
	(15.86)	(8.50)	(11.51)
N	1 911	1 911	1 911
R^2-adj	0.403	0.357	0.403

注：（1）括号中为t值；（2）$^*P<0.1$，$^{**}P<0.05$，$^{***}P<0.01$。

通过对647家采矿业企业2000—2016年的非平衡面板数据建立混合效应模型、固定效应模型和随机效应模型，并通过双F检验和Hausman检验（见表3-13），其P值均为0，说明应拒绝混合效应模型和随机效应模型，选用固定效应模型。采矿业回归结果见表3-14。

表3-13 **采矿业模型设定检验**

	统计量	P值
F检验	9.17	0.000
Chi2检验	194.82	0.000
Hausman检验	34.72	0.000

表3-14 **采矿业回归结果**

	混合效应模型	固定效应模型	随机效应模型
FE	−0.002*	−0.002**	−0.002**
	(−1.94)	(−1.98)	(−2.20)
DM	−0.099***	−0.051***	−0.068***
	(−4.94)	(−2.77)	(−4.03)
FA	−0.248***	−0.247***	−0.236***
	(−7.25)	(−6.76)	(−7.01)
RE	0.184***	0.101***	0.132***
	(5.65)	(2.69)	(3.89)
PRO	0.324***	0.358***	0.331***
	(2.68)	(3.37)	(3.23)
REVN	−0.052**	0.006	−0.007
	(−2.01)	(0.27)	(−0.34)
GROWTH	−0.041***	−0.054***	−0.051***
	(−3.22)	(−5.34)	(−5.06)
CFLOW	−0.652***	−0.469***	−0.501***
	(−9.28)	(−8.34)	(−9.02)
SIZE	−0.013***	−0.019***	−0.014***
	(−5.30)	(−3.31)	(−3.61)
FCOST	0.122**	0.172**	0.157**
	(2.01)	(2.10)	(2.19)
常数项	0.659***	0.675***	0.614***
	(8.98)	(5.78)	(6.92)
N	647	647	647
R^2-adj	0.272	0.188	0.263

注：（1）括号中为t值；（2）*P<0.1，**P<0.05，***P<0.01。

通过对 1 105 家电力、煤气及水的生产和供应业等企业 2000—2016 年的非平衡面板数据建立混合效应模型、固定效应模型和随机效应模型，并通过双 F 检验和 Hausman 检验（见表 3-15），其 P 值均为 0，说明应拒绝混合效应模型和随机效应模型，选用固定效应模型。电力、煤气及水的生产和供应业等回归结果见表 3-16。

表 3-15　　　　电力、煤气及水的生产和供应业等模型设定检验

	统计量	P 值
F 检验	7.88	0.000
Chi2 检验	434.50	0.000
Hausman 检验	62.01	0.000

表 3-16　　　　电力、煤气及水的生产和供应业等回归结果

	混合效应模型	固定效应模型	随机效应模型
FE	-0.004***	-0.003***	-0.003***
	(-4.53)	(-4.14)	(-4.91)
DM	-0.147***	-0.096***	-0.119***
	(-12.50)	(-7.87)	(-10.79)
FA	-0.118***	-0.080***	-0.093***
	(-6.64)	(-3.88)	(-4.82)
RE	-0.055*	0.060**	0.048**
	(-1.93)	(2.28)	(1.99)
PRO	0.301***	0.481***	0.134**
	(2.61)	(4.20)	(2.05)
REVN	-0.036*	-0.131***	-0.054**
	(-1.69)	(-4.68)	(-2.43)
GROWTH	-0.066***	-0.044***	-0.043***
	(-6.37)	(-4.93)	(-4.97)
CFLOW	-0.539***	-0.485***	-0.439***
	(-8.76)	(-9.04)	(-8.54)
SIZE	-0.005**	-0.030***	-0.019***
	(-2.07)	(-6.63)	(-5.47)
FCOST	0.583***	1.231***	1.124***
	(6.03)	(8.34)	(8.05)
常数项	0.555***	0.934***	0.765***
	(11.16)	(11.10)	(11.27)
N	1 105	1 105	1 105
R^2-adj	0.272	0.140	0.210

注：（1）括号中为 t 值；（2）*P<0.1，**P<0.05，***P<0.01。

通过对800家公共管理、社会保障业2000—2016年的非平衡面板数据建立混合效应模型、固定效应模型和随机效应模型，并通过双F检验和Hausman检验（见表3-17），F检验与Chi2检验的P值均为0，Hausman检验的P值大于0.05，说明应拒绝混合效应模型和固定效应模型，选用随机效应模型。公共管理、社会保障业等回归结果见表3-18。

表3-17　　　　　　　　公共管理、社会保障业等模型设定检验

	统计量	P值
F检验	7.34	0.000
Chi2检验	336.86	0.000
Hausman检验	17.36	0.067

表3-18　　　　　　　　公共管理、社会保障业等回归结果

	混合效应模型	固定效应模型	随机效应模型
FE	−0.012***	−0.008***	−0.009***
	(−5.47)	(−4.95)	(−5.56)
DM	−0.371***	−0.397***	−0.378***
	(−9.81)	(−10.13)	(−10.50)
FA	−0.567***	−0.224***	−0.355***
	(−11.20)	(−3.42)	(−6.04)
RE	0.086***	0.098***	0.101***
	(6.75)	(5.92)	(6.87)
PRO	−0.222	−0.170	−0.167
	(−1.42)	(−1.24)	(−1.25)
REVN	−0.093***	−0.091***	−0.094***
	(−2.98)	(−3.07)	(−3.25)
GROWTH	−0.013	−0.048*	−0.043*
	(−0.42)	(−1.93)	(−1.72)
CFLOW	−0.472***	−0.471***	−0.470***
	(−4.66)	(−5.60)	(−5.60)
SIZE	−0.020***	−0.017	−0.016*
	(−2.77)	(−1.64)	(−1.80)
FCOST	0.563	0.056	0.416
	(1.18)	(0.12)	(0.91)
常数项	1.604***	1.496***	1.467***
	(10.19)	(6.92)	(7.86)
N	800	800	800
R²-adj	0.309	0.286	0.366

注：（1）括号中为t值；（2）*P<0.1，**P<0.05，***P<0.01。

通过对699家建筑业企业2000—2016年的非平衡面板数据建立混合效应模型、固定效应模型和随机效应模型，并通过双F检验和Hausman检验（见表3-19），其P值均为0，说明应拒绝混合效应模型和随机效应模型，选用固定效应模型。建筑业回归结果见表3-20。

表3-19　　　　　　　　**建筑业模型设定检验**

	统计量	P值
F检验	12.46	0.000
Chi2检验	291.31	0.000
Hausman检验	47.51	0.000

表3-20　　　　　　　　**建筑业回归结果**

	混合效应模型	固定效应模型	随机效应模型
FE	-0.005^{***}	-0.006^{***}	-0.006^{***}
	(-2.97)	(-5.16)	(-5.49)
DM	-0.135^{***}	-0.082^{***}	-0.114^{***}
	(-5.03)	(-3.17)	(-5.04)
FA	-0.363^{***}	-0.628^{***}	-0.577^{***}
	(-4.85)	(-8.38)	(-8.16)
RE	0.559^{***}	0.298^{***}	0.486^{***}
	(6.63)	(2.86)	(5.63)
PRO	-2.151^{***}	-0.932^{**}	-1.293^{***}
	(-5.38)	(-2.56)	(-3.78)
REVN	0.509^{***}	-0.002	0.083
	(3.91)	(-0.02)	(0.72)
GROWTH	-0.024	-0.045^{***}	-0.036^{***}
	(-1.34)	(-3.58)	(-2.92)
CFLOW	-0.950^{***}	-0.601^{***}	-0.633^{***}
	(-10.48)	(-9.58)	(-10.12)
SIZE	-0.023^{***}	-0.048^{***}	-0.032^{***}
	(-6.12)	(-5.51)	(-5.40)
FCOST	1.117^{***}	0.678^{***}	0.722^{***}
	(3.87)	(2.88)	(3.20)
常数项	1.021^{***}	1.536^{***}	1.236^{***}
	(9.35)	(8.93)	(9.69)
N	699	699	699
R^2-adj	0.305	0.152	0.289

注：（1）括号中为t值；（2）*P<0.1，**P<0.05，***P<0.01。

通过对 1 081 家交通运输业企业 2000—2016 年的非平衡面板数据建立混合效应模型、固定效应模型和随机效应模型，并通过双 F 检验和 Hausman 检验（见表 3-21），F 检验与 Chi2 检验的 P 值均为 0，Hausman 检验的 P 值小于 0.05，说明应拒绝混合效应模型和随机效应模型，选用固定效应模型。交通运输业回归结果见表 3-22。

表 3-21　　　　　　　　交通运输业模型设定检验

	统计量	P值
F检验	7.89	0.000
Chi2检验	366.04	0.000
Hausman检验	20.17	0.028

表 3-22　　　　　　　　交通运输业回归结果

	混合效应模型	固定效应模型	随机效应模型
FE	-0.004^{***}	-0.003^{***}	-0.003^{***}
	(-3.87)	(-3.98)	(-4.23)
DM	-0.067^{***}	-0.041^{***}	-0.051^{***}
	(-4.68)	(-2.83)	(-3.75)
FA	-0.119^{***}	-0.137^{***}	-0.138^{***}
	(-7.48)	(-6.50)	(-7.20)
RE	0.115^{***}	0.155^{***}	0.143^{***}
	(9.72)	(11.58)	(11.29)
PRO	0.360^{***}	0.494^{***}	0.454^{***}
	(3.74)	(4.77)	(4.70)
REVN	-0.135^{***}	-0.124^{***}	-0.122^{***}
	(-8.62)	(-4.86)	(-5.50)
GROWTH	-0.033^{***}	-0.034^{***}	-0.033^{***}
	(-2.68)	(-3.22)	(-3.16)
CFLOW	-0.641^{***}	-0.491^{***}	-0.527^{***}
	(-10.40)	(-8.90)	(-9.72)
SIZE	-0.021^{***}	-0.030^{***}	-0.026^{***}
	(-8.57)	(-5.95)	(-6.50)
FCOST	0.436^{***}	0.417^{***}	0.438^{***}
	(4.72)	(4.07)	(4.48)
常数项	0.761^{***}	0.874^{***}	0.811^{***}
	(13.23)	(8.67)	(10.03)
N	1 081	1 081	1 081
R^2-adj	0.290	0.262	0.294

注：（1）括号中为 t 值；（2）$^*P<0.1$，$^{**}P<0.05$，$^{***}P<0.01$。

通过对528家农林牧渔业企业2000—2016年的非平衡面板数据建立混合效应模型、固定效应模型和随机效应模型，并通过双F检验和Hausman检验（见表3-23），F检验与Chi2检验的P值均为0，Hausman检验的P值大于0.05，说明应拒绝混合效应模型和固定效应模型，选用随机效应模型。农林牧渔业回归结果见表3-24。

表3-23 农林牧渔业模型设定检验

	统计量	P值
F检验	7.74	0.000
Chi2检验	240.52	0.000
Hausman检验	11.18	0.344

表3-24 农林牧渔业回归结果

	混合效应模型	固定效应模型	随机效应模型
FE	−0.004**	−0.005***	−0.005***
	(−2.39)	(−3.64)	(−3.56)
DM	−0.132***	−0.152***	−0.154***
	(−5.24)	(−6.01)	(−6.51)
FA	−0.287***	−0.173**	−0.251***
	(−5.85)	(−2.37)	(−4.19)
RE	0.254***	0.309***	0.287***
	(5.06)	(5.43)	(5.47)
PRO	−0.128	−0.161	−0.172
	(−0.59)	(−0.77)	(−0.85)
REVN	0.166**	0.101	0.124*
	(2.42)	(1.47)	(1.91)
GROWTH	−0.089***	−0.081***	−0.088***
	(−5.86)	(−5.99)	(−6.67)
CFLOW	−0.878***	−0.596***	−0.673***
	(−10.19)	(−7.93)	(−9.04)
SIZE	−0.003	−0.025**	−0.018**
	(−0.38)	(−2.48)	(−2.15)
FCOST	0.667***	0.288	0.423**
	(3.23)	(1.44)	(2.17)
常数项	0.658***	1.148***	1.025***
	(4.60)	(5.66)	(6.08)
N	528	528	528
R²-adj	0.312	0.405	0.482

注：（1）括号中为t值；（2）*P<0.1，**P<0.05，***P<0.01。

首先采用 GLS 法对所有行业的混合效应、固定效应和随机效应模型进行了估计，得出的结果如各表所示。从表 3-6 可以看出，模型整体的可决系数均在 0.297 以上，Prob（F-statistic）为 0。此外，各个影响因素的 T 值的绝对值均大于 2，说明各个影响因素对营运资本需求的影响从整体上看是非常显著的，并且财政政策、货币政策对营运资本需求的影响在各个行业表现为显著的负相关的关系。采用 GLS 法对各个行业的混合效应、固定效应和随机效应模型进行估计，得出的结果如表 3-8 至表 3-24 所示。

1）从整个模型的拟合情况来看：

在表 3-8 至表 3-24 中，9 个行业各自的 R^2 的取值都介于 0.14 ~ 0.48，说明各个行业的模型的拟合优度尚可。

2）在模型设定检验中，从各个假设条件的检验结果来看：

假设 1：当以 DM 指标对国家的货币政策进行衡量，9 个行业的经验数据表明货币政策与营运资本表现为显著的负相关关系。

假设 2：当以 FE 作为衡量国家财政政策的指标时，9 个行业的经验数据表明财政政策与营运资本表现为显著的负相关关系。

这说明货币政策与财政政策对营运资本具有显著的影响，并且货币政策、财政政策分别与营运资本在各个行业表现为显著的负相关关系。

3）从各个行业的影响因素来看（见表 3-25），主要可得出以下结论：

第一，在模型设定的 10 个影响因素中，其中的 7 个影响因素包括 FE、DM、FA、GROWTH、CFLOW、SIZE 和 FCOST 对 9 个行业的影响方向是一致的，FE、DM、FA、GROWTH、CFLOW 和 SIZE 与 9 个行业的营运资本表现为负相关关系，RE、FCOST 与 9 个行业的营运资本表现为正相关关系。

第二，衡量利润的三个指标中有两个指标包括 PRO 和 REVN 对 9 个行业的影响不一致，REVN 除对采矿业和农林牧渔业表现为正相关关系外，对其他 7 个行业表现为负相关关系；PRO 对在全行业、制造业、采矿业、电力、煤气及水的生产和供应业和交通运输业表现为正相关关系外，在其他行业表现为负相关关系。

表3-25　　　　　　各行业营运资本与其影响因素的正负关系汇总表

	全行业	制造业	房地产业	批发零售业	采矿业	电力、煤气及水的生产和供应业	公共管理、社会服务业	建筑业	交通运输业	农林牧渔业
FE	−	−	−	−	−	−	−	−	−	−
DM	−	−	−	−	−	−	−	−	−	−
FA	−	−	−	−	−	−	−	−	−	−
RE	+	+	+	+	+	+	+	+	+	+
PRO	+	+	−	−	+	+	−	−	+	−
REVN	−	−	−	−	−	−	−	−	−	+
GROWTH	−	−	−	−	−	−	−	−	−	−
CFLOW	−	−	−	−	−	−	−	−	−	−
SIZE	−	−	−	−	−	−	−	−	−	−
FCOST	+	+	+	+	+	+	+	+	+	+

3.5　　　　　　　　　结　论

（1）从各假设条件的检验结果来看，宏观经济政策因素中的货币政策和财政政策在研究的9个行业中得到了相当丰富的经验支持，9个行业受到财政政策与货币政策的影响方向是一致的，表现为显著的负相关关系，这说明中国上市公司的营运资本与宏观经济政策密切相关，宏观经济政策是影响中国各个行业上市公司营运资本的重要因素。因此，加强中国上市公司营运资本管理要与国家宏观经济政策相结合，及时调整上市公司的营运资本策略，将企业的财务风险、经营风险控制在可以预见的范围内。

（2）营运资本受宏观经济政策的影响具有稳健性，且同一行业的营运资本的宏观和微观影响因素都具有高度稳健性。这为第4章基于宏观经济政策的目标营运资本模型的构建奠定了基础。

经济周期、融资约束与营运资本的动态调整①

4.1　　　　　　　　　　引　言

　　国务院发展研究中心企业研究所2012年撰写的《要高度警惕当前新的企业"三角债"问题》报告警示："20世纪90年代曾严重困扰中国企业的"三角债"问题有卷土重来之势。"这引起了国务院的高度重视。2007年以来，中国各个行业的营运资本管理持续失控，存货积压严重，2012年中报显示：1 269家上市公司的期末存货金额合计是1.92万亿元，与年初的存货金额1.79万亿元相比，增长了7.5%，随着去库存过程的不顺畅，企业应收账款激增，2012年8月23日，1 437家公布中报的上市公司的应收账款整体规模达8 039亿元，较去年同期5 550亿元的规模激增约45%。更为严重的是，在整个经济增速下行的压力下，资金链紧张和销售不畅成为各个行业短期内无法解决的普遍问题。

　　有效的营运资本管理对于防止企业资金链断裂和预防债务危机起到了至关重要的作用。而企业营运资本管理作为宏微观领域协同共生的产物，不仅受融资约束的影响，而且会在不同的经济周期下随宏观经济政策的波

---

　　①　第4章的部分内容引自吴娜. 经济周期、融资约束与营运资本的动态协同选择［J］. 会计研究，2013（8）：54-61.

动进行动态调整。如 Chiou 和 Cheng （2006）[①]、Zariyawati et al.（2010）[②]发现在经济繁荣期时企业营运资本需求高，企业会将更多资金投入营运资本。而 Hill、Kelly 和 Highfield （2010）[③]发现营运资本需求与金融危机成负相关的关系。由于国内已有的研究主要是从企业内生性视角对其进行考察，忽视了经济周期特征对融资约束与营运资本管理的内在影响机理和作用，从而使融资约束对企业营运资本管理的效应未能达到预期目标。本章运用经济周期理论和融资约束理论，对经济周期、融资约束与营运资本管理的相机协同选择理论机理进行研究，力图构建不同经济周期下的融资约束与营运资本管理的协同选择模型：首先，在剖析不同的经济周期下导致的宏观经济政策波动与营运资本管理的联动机理、传导路径的基础上，将宏观经济政策因素融入目标营运资本模型中；其次，检验企业在不同的经济周期和融资约束下营运资本需求是否会向目标营运资本需求调整，如果调整，速度如何？其与外部融资约束是否相关。本章的理论贡献在于构建了新兴市场经济体制下的经济周期、融资约束与营运资本的相机协同选择理论框架和体系；对融资约束理论和营运资本理论是一种重要的补充，并为国家宏观经济政策的制定提供了重要的政策依据。

本章的实际应用价值体现在：（1）为企业在不同的经济周期下，当面临宏观经济政策波动时如何通过营运资本的动态调整，降低自身融资约束程度，增强其对外部宏观经济政策冲击的抵御能力，防止企业资金链的断裂和防范债务危机的发生具有重要的参考价值。（2）为企业在不同的经济周期下，提供了基于融资约束的营运资本动态调整速度及方向的预测参考值。（3）由于营运资本的调整速度可以直接反映中国企业受到的融资约束程度，也间接体现了信贷市场的摩擦程度，即各种原因造成的融资的难易程度，对衡量中国不同经济周期下的信贷市场摩擦水平具有一定的指示作用。

① Chiou J R，CHENG L，WU. H W，et al. The determinants of working capital management [J]. Journal of American Academy of Business，2006，10（1）：149-155.

② ZARIYAWATI M A，ANNUAR M N，TAUFIQ H，et al.Working capital management and corporate performance：case of Malaysia [J]. Journal of Modern Accounting and Auditing，2010，5（11）：190-194.

③ Hill M D，Kelly G，HIGHFIELD M J,et al. Net operating working capital behaviour：a first look [J]. Financial Management，2010，39（2）：783-805.

本章以中国上市公司2000—2016年的面板数据为样本，通过建立动态调整模型，进一步研究营运资本在动态调整过程中的问题，试图验证以下两个问题：（1）基于宏观经济政策的目标营运资本需求模型是否存在？其能否成为一个重要的参考标准？（2）在不同的经济周期下，不同融资约束企业的营运资本管理是否倾向于向目标营运资本需求进行动态调整，调整速度如何，是否存在差异，产生差异的原因是什么？

本章其余部分安排如下：第二部分是理论基础与研究假设；第三部分为研究设计部分，对样本数据来源及相关变量设定予以说明，并在此基础上进行模型构建；第四部分使用GMM方法对模型进行回归并得出回归结果；第五部分对研究结果进行了分析；第六部分是稳健性检验；最后得出结论。

4.2   理论基础与研究假设

4.2.1   目标营运资本需求存在的机理分析

Modigliani 和 **Miller**（1958）[1]认为在完美资本市场下，企业可以不受任何限制获得外部融资来替代内部融资，投资决策和融资决策是相互独立的，投资决策仅仅依赖于企业能否取得净现值为正的投资机会。在完美资本市场下，因为企业可以以合理的成本取得外部融资，所以企业的现金周转期再长也不会产生机会成本。但是现实中资本市场的不完美，使获得外部融资的成本比内部融资的成本要高很多，企业的投资融资决策相互影响。连玉君等（2010）[2]发现流动资产的低收益特征，使得公司不能过多持有，这会促使公司维持一个目标流动资产持有比例。Lee 和 Wu（1988）[3]以及 Peles 和 Schneller（1989）[4]认为企业的流动资产项目存在目

① MODIGLIANI, FRANCO, MERTON H, et al. The cost of capital, corporation finance, and the theory of investment [J]. American Economic Review, 1958 (48): 267-297.
② 连玉君, 彭方平, 苏治. 融资约束与流动性管理行为 [J]. 金融研究, 2010, (10): 158-171。
③ LEE C F, WU. C Expectation formation and financial ratio adjustment processes [J]. The Accounting Review, 1988, 63 (2): 292-306.
④ PELES Y C, SCHNELLER M I. The duration of the adjustment process of financial ratios [J]. The Review of Economics and Statistics, 1989, 71 (3): 527-532.

标值，并使用局部调整模型具体分析了包含流动资产项目的财务比率对于激发企业管理或产品市场进行持续的调整非常重要。Sonia Baños-Caballero（2010）[1]通过实证检验得出企业的营运资本需求存在目标值。因此，企业存在最优营运资本需求以平衡成本和收益，实现企业价值最大化，并且货币政策和财政政策对其具有显著影响。因此提出：

H1：企业存在目标营运资本需求，并且货币政策和财政政策对营运资本具有显著影响。

4.2.2 营运资本需求动态调整机理分析

虽然 Sonia Baños-Caballero（2010）[2]通过实证检验得出企业的营运资本需求存在目标值，但是，Nadiri（1969）[3]认为由于企业无法准确估计销售量，进而无法决定采购量，更无法预测货币政策的变化以及商业信用出现坏账的概率，导致企业实际的营运资本需求值与目标值不一定相等。Peles 和 Schneller（1989）[4]也认为企业的营运资本需求会由于随机的或偶然的冲击、生产成本的变动或是技术进步等原因导致其偏离目标值。Sonia Baños-Caballero（2010）[5]通过实证检验认为企业会通过有效的营运资本管理使营运资本需求逐渐接近目标值。

Peles 和 Schneller（1989）[6]对流动性项目的财务比率分析以及 Garcia 和 Martinez（2010）对应收账款的研究印证了营运资本需求较快的调整速度说明短期财务决策的调整比长期财务决策的调整更加容易。Peles 和 Schneller（1989）认为在短期内资产负债表里的流动性项目比较容易调整，因为流动性项目在很大的程度上受企业的控制。Lee 和 Wu（1988）[7]认为流动性项目的调整成本要低于非流动性项目。连玉君等

① SONIA BAOS-CABALLERO, PEDRO J. GARCIA-TERUEL, et al. Working capital management in SMEs [J]. Accounting and Finance, 2010, 50: 511-527.
② SONIA BAOS-CABALLERO, PEDRO J. GARCIA-TERUEL, et al. Working capital management in SMEs [J]. Accounting and Finance, 2010, 50: 511-527.
③ NADIRI M I. The determinants of trade credit in the U. S. total manufacturing sector [J]. Econometrica, 1969, 37 (3): 408-423.
④ PELES Y C, SCHNELLER M I. The duration of the adjustment process of financial ratios [J]. The Review of Economics and Statistics, 1989, 71 (3): 527-532.
⑤ SONIA BAOS-CABALLERO, PEDRO J. GARCIA-TERUEL, et al. Working capital management in SMEs [J]. Accounting and Finance, 2010, 50: 511-527.
⑥ PELES Y C, SCHNELLER M I. The duration of the adjustment process of financial ratios [J]. The Review of Economics and Statistics, 1989, 71 (3): 527-532.
⑦ LEE C F, WU C. Expectation formation and financial ratio adjustment processes [J]. The Accounting Review, 1988, 63 (2): 292-306.

（2010）[①]认为公司会维持一个目标流动资产持有比例，并在发生偏离后积极地进行调整。营运资本的调整速度可以说明企业对外部融资的依赖程度，其不仅受目标营运资本需求的影响，而且还受到偏离目标营运资本的成本、向目标营运资本需求调整的调整成本和交易成本的影响。交易成本越低，企业越容易向自己的目标营运资本需求调整。由于调整成本的存在，营运资本需求不会立刻调整为目标值，企业只有在调整成本能够大大抵减偏离目标值成本的时候才会进行调整。企业是否将当前的营运资本需求水平调整为目标营运资本需求值主要取决于偏离目标营运资本需求的成本与调整成本之间的比较，所以企业的调整成本越低，调整速度就会越快。营运资本需求的调整主要是对应收款项、存货和应付款项的调整，营运资本需求越高，利息费用和信贷风险越高；相反，营运资本需求越低，企业的销售水平也低。因此，提出：

H2：企业的营运资本需求会向目标营运资本需求调整。

4.2.3　经济周期、融资约束与营运资本的动态协同选择机理分析

Keynes（1936）[②]最早对融资约束如何影响企业的流动性管理进行了研究，其认为在资本市场完美假设下，公司无须持有流动性资产，然而在现实中外部融资成本往往远远高于内部融资成本，公司便可通过持有一定的流动资产来提高其价值。**Huberman（1984）**[③]的理论分析表明，融资约束是公司进行流动性管理的根本原因，融资约束越严重，公司对流动资产的需求也越高。而流动资产需求的提高必然会使营运资本需求增加。**Bernanke和Gertler（1989）**[④]指出，企业外部融资能力与经济周期密切相关。因为经济周期波动影响公司外部融资能力和经营状况，同时外部资本市场存在损耗，如信息不对称、代理成本等，造成企业的外部融资成本高

━ 57 ━

---

① 连玉君，彭方平，苏治.融资约束与流动性管理行为［J］. 金融研究，2010（10）：158-171.
② KEYNES J M. The general theory of employment, Interest and money ［M］. London: Macmillan, 1936.
③ HUBERMAN G. External financing and liquidity ［J］. Journal of Finance, 1984, 39（3）: 895-908.
④ BEN BERNANKE, MARK GERTLER. Agency costs, net worth, and business fluctuations ［J］. The American Economic Review, 1989, 79（1）: 14-31.

于内源融资成本，形成企业外部融资升水，产生融资约束问题。根据融资约束理论，融资约束是指当企业自有资金无法满足其投资所需时，寻求外部融资时所面临的摩擦。该理论认为资本市场的缺陷导致的融资约束会促使公司出于预防性动机和投机性动机持有较多的流动资产以降低融资成本，适时把握投资机会。连玉君等（2010）[①]认为融资约束的存在会提高跨期投资选择权的价值，保持较高的流动性有助于公司适时把握投资机会。然而不同融资约束下的动态调整行为存在明显差异，相对而言，融资约束公司的流动性管理行为会更加积极，因为投资选择权的价值随着融资约束程度的提高而增加，使其调整的收益远大于调整成本。于是提出：

H3：融资约束公司比无融资约束公司对营运资本管理更加积极，WCR的调整速度更快。

基于以上分析，经济周期、融资约束与营运资本的调整速度三者之间的关系表现为：在经济周期上行期，国家货币政策较为宽松，外部融资渠道较为畅通，企业面临的融资约束程度降低，外部融资成本降低，企业融资能力增强，企业经营目标由经济周期下行期的流动性最大化转为企业价值最大化，预防性或投机性动机减弱，使反映企业偿债能力的营运资本需求的调整速度降低；但是当经济转入下行期时，国家货币政策从紧，外部资本市场摩擦加剧，企业遭受较强的外部融资约束，企业的经营目标转为流动性最大化，企业为了防范资金链的断裂，提高偿债能力，会更加关注营运资本的管理，加快对营运资本需求的调整速度，以增加营运资本需求，应对经济衰退。基于以上分析，提出：

H4：经济周期与公司营运资本需求的调整速度负相关，即在经济周期上行期，调整速度较慢；在经济周期周期下行期，调整速度较快。

H5：不同融资约束的公司在不同的经济周期下，调整速度不同，在经济周期上行期，无融资约束公司对营运资本的调整速度较慢，只进行微调，但融资约束公司由于受到自身融资约束的影响，仍然保持较快的调整速度。

---

① 连玉君，彭方平，苏治. 融资约束与流动性管理行为 [J]. 金融研究，2010（10）：158–171.

在经济周期下行期，融资约束公司受到宏观经济冲击的不利影响，外部融资成本不断上升，融资渠道发生阻滞，引发资金链断裂的风险比无融资约束公司大，因此，在经济周期下行期，融资约束公司为了防范资金链断裂风险，会比无融资约束公司更加关注企业的偿债能力，从而对营运资本需求的调整速度加快。因此，提出：

H6：在经济周期下行期，无融资约束公司营运资本需求的调整速度迅速加快，但融资约束公司对营运资本需求的调整速度变得更快，即融资约束会促使企业在经济周期下行期更加积极地进行营运资本管理。

4.3　研究设计

4.3.1　样本

本章采用面板数据，时间窗口为2000—2016年在深、沪两市上市的制造业、房地产业和批发零售业三个行业的A股公司作为本次研究的样本，样本数据来源于深圳国泰安信息技术有限公司的中国上市公司财务年报数据库系统，为了满足面板数据分析的需要，使结果更有说服力，在样本的选择上剔除了数据不全的公司、金融保险业公司与ST、PT公司，样本行业分类以中国证监会2012年修订的《上市公司行业分类指引》为参考，并参照Flannery和Rangan（2006）[①]的做法，对三个行业的公司层面的连续变量进行1%的Winsorized缩尾处理以消除离群值的影响，最终得到三个行业上市公司的面板数据。书中涉及的宏观经济数据来自于中国人民银行官方网站和《中国统计年鉴》。

4.3.2　营运资本需求的衡量指标

变量定义见表4-1。

[①]　FLANNERY M J，Rangan K P．Partial adjustment toward target capital structures［J］．Journal of Financial Economics，2006，79（3）：469-506．

表4-1   **变量定义**

性质	变量名称	符号	定义
解释变量	目标营运资本需求	WCR*	WCR*=（应收账款+应收票据+预付账款+存货+其他应收款）−（应付票据+应付账款+预收账款+应付职工薪酬+应交税费+其他应付款）/总资产
外生变量	货币供给量增速	DM	（M2−M1）/M1
	实际贷款利率	LIR	名义贷款利率−通货膨胀率
	财政支出增长速度	FE	
	经济周期	EC	虚拟变量，即2000—2007年用0表示，2008—2016年用1表示
内生变量	固定资产投资	FA	固定资产/总资产
	现金流量	CFLOW	经营活动现金流量/总资产
	盈利能力	PRO	总资产净利润率
		RE	留存收益/总资产
		REVN	息税前利润/营业收入
	成长性	GROWTH	总资产增长率
	公司规模	SIZE	LN营业收入
	融资成本	FCOST	财务费用/负债−应付账款

4.3.3　目标营运资本需求模型设定

由于目标营运资本需求水平不可观测，本章在 Sonia Baños-Caballero（2010）目标营运资本需求模型的基础上，增加宏观经济政策变量做相应的调整①，模型设定为：

$$WCR_{it}^* = \beta_0 + \beta_1 FE_{it-1} + \beta_2 DM_{it-1} + \beta_3 FA_{it} + \beta_4 RE_{it} + \beta_5 SIZE_{it} + \beta_6 FCOST_{it} + \beta_7 REVN_{it} + \beta_8 PRO_{it} + \beta_9 CFLOW_{it} + \beta_{10} GROWTH_{it} + u_i + \varepsilon_{it}$$

(4-1)

① 模型中删除了 ZSCORE$_{it}$，原因为其模型中含有 WCR$_{it}$，为了避免多重共线性，将其删除；此外，将原模型的 GDP$_{it}$ 替换为 DM$_{it-1}$ 和 FE$_{it-1}$，原因为，原模型中的 GDP$_{it}$ 回归结果并不显著，而滞后一期的 DM$_{it-1}$ 和 FE$_{it-1}$ 对 WCR$_{it}$ 具有显著影响。

假设个体效应 u_i 是常量，u_i 代表恒定不变地影响营运资本管理的因素，其他随时间而变的因素的作用归入随机项 ε_{it} 中。

4.3.4 经济周期、融资约束与营运资本需求的动态调整模型设定

1）经济周期的划分

如表4-2所示，按照"波谷—波谷"法划分，中国于2000年进入新中国成立后的第10个经济周期，GDP增长率在2000—2007年间由2000年的8.5%逐年攀升，一直升至2007年的14.2%的高点，将该期间划分为中国经济周期的上行期；2008年由于中国经济受到全球金融危机的影响，GDP增长率迅速回落至9.7%，2009年进一步下降至9.4%，2010年虽稍有回升，但在2011年又下跌至9.5%，自2012年逐年下跌至2016年的6.7%。本章将该期间划分为中国经济周期的下行期。

国内生产总值及其增长率见表4-2。

表4-2   **国内生产总值及其增长率**

经济周期 上行期	2000年	2001年	2002年	2003年	2004年	2005年	2006年	2007年	
	8.5%	8.3%	9.1%	10%	10.1%	11.4%	12.7%	14.2%	
经济周期 下行期	2008年	2009年	2010年	2011年	2012年	2013年	2014年	2015年	2016年
	9.7%	9.4%	10.6%	9.5%	7.9%	7.8%	7.3%	6.9%	6.7%

数据来源：根据国家统计局网站相关资料整理。

2）融资约束的衡量

关于融资约束的经验测度，到目前为止在公司金融领域尚无定论。大量的研究一般以公司规模作为融资约束的代理变量，如（Gilchrist 和 Himmelberg，1995；Almeida 等 et al.，2004；Custódio，2005；Duchin，2010）采用公司规模作为融资约束强度的分类标准；Fazzari 等（1988）将股利支付水平为衡量公司融资约束的标准，并开始使用投资-现金流敏感性反映融资约束，但受到了学者们（如 Kaplan 和 Zingales，1997；Gomes，2001；Alti，2003）的质疑；进入2000年以来，融资约束的测度

方法不断产生，包括 Lamont 等（2001）构造了衡量融资约束的 KZ 指数，但是由于 KZ 指数所采用的样本量小，包含了托宾 Q 并且在计算中存在错误，使其可靠性受到了学者的质疑；Whited 和 Wu（2006）构建了一个含有融资摩擦的跨期投资模型，通过对投资欧拉模型的大样本广义矩估计，得到 WW 指数，虽然与 KZ 指数相比，基于企业规模、股利水平以及 WW 指数更具合理性，但是这两个指数都包含了具有内生性特征的融资变量，严重受到内生性干扰。Hadlock 和 Pierce（2009）克服以上两个指数的缺点，使用企业规模和企业年龄两个外生变量构建了 SA 指数，其计算公式为：SA=-0.737×size+0.043×size2-0.04×Age。

因此，本章使用企业规模进行分组，并根据 2000—2016 年样本区间的平均值，分别以 33 分位和 66 分位为分界点来区分企业不同的融资约束程度，将样本组分为三组，将公司规模小于第 33 分位的公司定义为融资约束组，将公司规模大于第 66 分位的公司定义为无融资约束组。由于平衡面板数据的回归结果更加准确，因此在以上分组的基础上，本章进一步剔除了分组后年度不全的公司，选取的是 2000—2016 年面板数据。

3）营运资本需求动态调整模型设定

对营运资本需求动态调整模型的构建本章使用局部调整模型，其模型形式为：

$$WCR_{it} - WCR_{it-1} = \lambda \left(WCR_{it}^* - WCR_{it-1} \right) \tag{4-2}$$

式中，WCR_{it} 和 WCR_{it-1} 分别表示第 i 家公司在 t 年和 t-1 年的营运资本需求，WCR_{it}^* 表示在第 t 年的目标营运资本需求，用于衡量该行业内公司的目标营运资本需求。调整速度取决于调整系数 λ（$0 \leq \lambda \leq 1$）。如果 $\lambda = 0$，表示公司基本不进行调整；如果 $\lambda = 1$，表示公司的调整行为比较积极，可以在当期调整到目标营运资本需求水平。通过对模型（4-2）进行变换，并加入反映个体效应和时间效应的虚拟变量 αi 和 νt，可得到如下动态面板数据模型：

$$WCR_{it} = \left(1 - \lambda \right) WCR_{it-1} + \lambda WCR_{it}^* + \alpha_i + \nu_i + \varepsilon_{jt} \tag{4-3}$$

将模型（4-1）代入模型（4-3）式得如下模型：

$$WCR_{it} = \alpha + \rho WCR_{it-1} + \delta_1 FE_{it-1} + \delta_2 DM_{it-1} + \delta_3 FA_{it} + \delta_4 RE_{it} + \delta_5 SIZE_{it} + \delta_6 FCOST_{it} + \delta_7$$
$$REVN_{it} + \delta_8 PRO_{it} + \delta_9 CFLOW_{it} + \delta_{10} GROWTH_{it} + \delta_{11} ZSCORE_{it} + u_i + \lambda_t + u_{it} \tag{4-4}$$

其中：$\alpha = \gamma\beta_0$；$\rho = (1-\gamma)$；$\delta_k = \gamma\beta_k$；$\upsilon_{it} = \gamma\,\varepsilon_{it}$

υ_i 是不可观测的异质性或者是不可观测的个体效应，λ_i 是控制行业影响的虚拟变量；υ_{it} 是随机扰动项。由于模型的右边包含了被解释变量的一阶滞后项 WCR_{it-1}，为了克服潜在的内生性问题，采用 Arellano 和 Bover（1995）提出的 "系统 GMM" 估计方法获得参数估计值。

4.3.5　描述性统计变量描述性统计（见表4-3）。

表4-3　　　　　　　　　　　变量描述性统计

制造业	均值	中位数	最大值	最小值	标准差
WCR	0.136	0.130	2.364	−4.302	0.221
FE	17.926	19.000	25.700	8.250	4.465
DM	1.856	1.742	2.529	1.603	0.302
FA	0.297	0.272	0.862	0.000	0.160
RE	−0.007	0.101	0.804	−78.781	1.544
PRO	0.025	0.027	10.401	−6.338	0.204
REVN	0.016	0.074	35.774	−306.803	3.835
GROWTH	0.139	0.078	19.768	−0.928	0.531
CFLOW	0.050	0.047	1.127	−1.938	0.085
SIZE	21.291	21.201	27.338	13.673	1.503
FCOST	0.023	0.028	0.610	−2.712	0.060
房地产业	均值	中值	最大值	最小值	标准差
WCR	0.368	0.365	8.896	−9.940	0.523
FE	17.555	17.800	25.700	8.250	4.722
DM	1.933	1.760	2.529	1.603	0.322
FA	0.060	0.017	0.742	0.000	0.103
RE	−0.196	0.101	0.518	−160.996	4.645
PRO	0.023	0.027	3.116	−8.753	0.285
REVN	1.664	0.193	2020.366	−65.101	52.606
GROWTH	0.219	0.125	13.982	−0.903	0.652
CFLOW	0.000	0.001	1.019	−1.183	0.125
SIZE	20.708	20.841	26.233	12.151	1.808
FCOST	0.018	0.010	6.892	−0.549	0.182
批发零售业	均值	中值	最大值	最小值	标准差
WCR	0.043	0.050	1.447	−2.859	0.258
FE	17.424	17.800	25.700	8.250	4.616
DM	1.918	1.756	2.529	1.603	0.325
FA	0.233	0.183	0.902	0.000	0.183
RE	0.068	0.100	0.762	−6.170	0.320
PRO	0.026	0.030	0.381	−1.410	0.068
REVN	0.035	0.045	8.923	−24.787	0.771
GROWTH	0.193	0.090	37.029	−0.785	0.983
CFLOW	0.044	0.045	0.876	−0.565	0.094
SIZE	21.618	21.602	26.055	15.248	1.642
FCOST	0.020	0.023	0.276	−0.660	0.036

对研究样本的主要变量进行描述性统计分析结果如表4-3所示：制造业WCR的均值（中位数）为0.136（0.130），表明中国制造业上市公司的营运资本需求比重较高。WCR的标准差为0.221，标准差较大说明WCR分布比较分散。房地产业WCR的均值（中位数）为0.368（0.365），远远高于制造业，表明中国房地产业上市公司的营运资本需求比重非常高。WCR的标准差为0.523，标准差很大说明WCR分布非常分散。批发零售业WCR的均值（中位数）为0.043（0.050），表明中国批发零售业上市公司的营运资本需求比重较低。WCR的标准差为0.258，标准差较大说明WCR分布较分散。财政政策、货币政策及其变化是本书考察的关键变量。从表4-3中可以看出，制造业财政政策FE的均值（中位数）为17.926（19），最大值（25.700）与最小值（8.25）之间差距较大，说明从总体上看中国制造业财政政策差异较大。房地产业货币政策DM的均值（中位数）为1.933（1.760），最大值（2.529）超过均值水平，DM的标准差为0.302，标准差较大说明DM分布较分散。

制造业数据相关性分析见表4-4，房地产业数据相关性分析见表4-5，批发零售业数据相关性分析见表4-6。

表4-4　　　　　　　　　　制造业数据相关性分析

	WCR	FE	DM	FA	RE	PRO	REVN	GROWTH	CFLOW	SIZE	FCOST
WCR	1.000										
FE	0.019	1.000									
DM	-0.197***	-0.537***	1.000								
FA	-0.181***	0.012	-0.097***	1.000							
RE	0.242***	0.020*	-0.029**	0.042***	1.000						
PRO	0.011	0.014	0.011	-0.060***	0.125***	1.000					
REVN	0.014	0.009	0.012	-0.027**	0.021*	0.152***	1.000				
GROWTH	-0.027**	0.025**	-0.002	-0.120***	0.043***	0.080***	0.022*	1.000			
CFLOW	-0.131***	0.030**	-0.051***	0.180***	0.087***	0.156***	0.009	-0.002	1.000		
SIZE	-0.178***	-0.112***	0.308***	0.052***	0.135***	0.090***	0.068***	0.037***	0.171***	1.000	
FCOST	0.058***	0.024**	-0.058***	0.161***	0.037***	-0.039***	-0.005	-0.044***	-0.010	0.000	1.000

注：*P<0.1，**P<0.05，***P<0.01。

表 4-5　　　　　　　　　房地产业数据相关性分析

	WCR	FE	DM	FA	RE	PRO	REVN	GROWTH	CFLOW	SIZE	FCOST
WCR	1.000										
FE	-0.020	1.000									
DM	-0.106***	-0.626***	1.000								
FA	-0.021	0.065**	-0.292***	1.000							
RE	0.160***	-0.054**	0.036	-0.093***	1.000						
PRO	-0.560***	0.038	0.016	-0.120***	-0.070***	1.000					
REVN	-0.083***	0.009	-0.014	-0.011	-0.034	0.245***	1.000				
GROWTH	-0.034	0.036	0.022	-0.095***	0.066**	0.049*	-0.013	1.000			
CFLOW	-0.025	-0.026	0.067***	0.075***	0.211***	-0.003	0.155***	-0.152***	1.000		
SIZE	-0.048*	-0.180***	0.378***	-0.322***	0.215***	0.050*	-0.128***	0.065**	0.031	1.000	
FCOST	0.018	-0.047*	0.034	0.026	0.004	-0.017	-0.000	-0.058**	-0.021	-0.049*	1.000

注：*P<0.1，**P<0.05，***P<0.01。

表 4-6　　　　　　　　　批发零售业数据相关性分析

	WCR	FE	DM	FA	RE	PRO	REVN	GROWTH	CFLOW	SIZE	FCOST
WCR	1.000										
FE	-0.040*	1.000									
DM	-0.089***	-0.602***	1.000								
FA	-0.341***	0.115***	-0.309***	1.000							
RE	0.058**	-0.069***	0.137***	-0.142***	1.000						
PRO	-0.175***	0.045*	0.062***	-0.110***	0.480***	1.000					
REVN	-0.137***	-0.023	0.067***	-0.019	0.176***	0.449***	1.000				
GROWTH	0.019	0.002	0.040*	-0.104***	0.040*	0.063***	0.029	1.000			
CFLOW	-0.386***	0.081***	-0.108***	0.257***	0.057**	0.153***	0.045**	-0.047**	1.000		
SIZE	-0.116***	-0.130***	0.297***	-0.281***	0.358***	0.231***	0.080***	0.042*	0.039*	1.000	
FCOST	0.127***	0.002	-0.075***	0.193***	-0.076***	-0.109***	-0.029	-0.019	0.031	0.021	1.000

注：*P<0.1，**P<0.05，***P<0.01。

从表4-4至表4-6可以看出，在显著性水平a为0.01时，也就是相关系数旁边为两个星号（**）的P值均为0，说明各项指标之间不存在显著的相关关系，即多重共线性问题。在显著性水平a为0.05时，也就是相关系数旁边为一个星号（*）的P值在50%以下，说明两者之间也不存在多重共线性问题。

4.4 ———————— 回归结果 ————————

4.4.1 不考虑经济周期的影响结果分析

当以企业规模作为融资约束分组的依据时，如果不考虑经济周期的影响，制造业无融资约束公司营运资本需求的调整速度为0.096（1-0.904），融资约束公司的调整速度为0.388（1-0.612），并且两者的t值均很显著。房地产业无融资约束公司营运资本需求的调整速度为0.128（1-0.872），融资约束公司的调整速度为0.420（1-0.580），并且两者的t值均很显著。批发零售业无融资约束公司营运资本需求的调整速度为0.176（1-0.824），融资约束公司的调整速度为0.321（1-0.679），并且两者的t值均很显著。这说明如果不考虑经济周期因素，融资约束的公司对营运资本的调整速度整体上会大于无融资约束公司，证实了假设H3。

4.4.2 考虑经济周期的影响结果分析

不同经济周期和融资约束下的制造业营运资本需求动态调整速度见表4-7。

如果考虑经济周期的影响，制造业在经济周期上行期（2000—2007年），无融资约束公司向目标营运资本调整的速度很小，只有0.063（1-0.937），而融资约束公司向目标营运资本调整的速度很快，约为0.385（1-0.615），大大高于无融资约束公司；相应地，在经济周期下行期（2008—2016年），无融资约束公司向目标营运资本调整的速度比在经济周期上行期加快且上升幅度较大，由0.063变为0.209（1-0.791），而融

表 4-7　不同经济周期和融资约束下的制造业营运资本需求动态调整速度

	GMM					
	2000—2016年	2000—2016年	2000—2007年	2000—2007年	2008—2016年	2008—2016年
	融资约束	无融资约束	融资约束	无融资约束	融资约束	无融资约束
WCR_{-1}	0.612***	0.904***	0.615***	0.937***	0.573**	0.791***
	(7.95)	(25.42)	(4.18)	(13.93)	(2.22)	(15.03)
FA	−0.018	0.053**	0.191	0.265***	0.002	0.071
	(−0.31)	(2.56)	(0.79)	(3.63)	(0.02)	(1.63)
RE	0.055***	0.023	0.122*	−0.051	0.010	−0.027
	(5.05)	(1.01)	(1.88)	(−0.60)	(1.30)	(−0.64)
GROWTH	−0.002	−0.049**	−0.325	−0.057***	0.013	−0.074**
	(−0.06)	(−2.22)	(−1.47)	(−4.07)	(0.25)	(−2.17)
CFLOW	−0.577***	−0.685***	−0.615	−0.549**	−0.518**	−0.714***
	(−6.30)	(−10.38)	(−1.10)	(−2.44)	(−2.02)	(−7.59)
PRO	0.587***	0.608***	1.059	0.471	0.402	0.600**
	(2.83)	(4.89)	(1.04)	(1.23)	(0.54)	(2.48)
REVN	−0.085*	0.080	−0.105	0.034	−0.001	0.013
	(−1.94)	(1.08)	(−0.27)	(0.19)	(−0.02)	(0.14)
SIZE	0.005	0.004	−0.094**	0.010	0.000	−0.008
	(0.56)	(1.32)	(−1.98)	(1.18)	(0.01)	(−1.44)
FCOST	−0.063	0.122	−0.011	−0.363	−0.399	−0.315
	(−0.39)	(0.83)	(−0.01)	(−0.92)	(−1.16)	(−1.50)
FE_{-1}	−0.003***	−0.000	−0.006*	−0.001	−0.001	−0.000
	(−3.40)	(−1.11)	(−1.91)	(−0.53)	(−0.22)	(−0.33)
DM_{-1}	−0.099***	−0.012	−0.067	−0.051	−0.071	−0.016*
	(−4.17)	(−1.64)	(−0.29)	(−0.71)	(−1.14)	(−1.79)
常数项	0.220	−0.052	2.128***	−0.176	0.195	0.243*
	(1.26)	(−0.73)	(2.83)	(−0.84)	(0.32)	(1.83)
AR（1）	−3.49	−6.84	−3.07	−3.32	−1.72	−5.20
AR（2）	0.762	0.501	0.525	0.354	0.325	0.709
Sargan	0.329	0.870	−	0.510	0.733	0.732
Hansen	1.000	1.000	0.652	0.999	0.803	0.746
N	1 866	1 991	1 225	434	536	1 428

注：括号中为 t 值；*P<0.1，**P<0.05，***P<0.01。Hansen J 统计量渐进服从 χ^2 分布，其 P 值越大，表明错误拒绝虚拟假设的可能性越大，即工具变量集不存在过度识别；AR（1）和 AR（2）分别检验残差差分的一阶和二阶序列相关性，二者渐进服从标准正态分布，结果满足一阶序列负相关，二阶序列不相关特征。

资约束公司向目标营运资本调整的速度由经济周期上行期的 0.385 进一步上升为 0.427（1−0.573）。由经验 P 值可以看出，在六种分组下，各组营运资本的调整速度的差异均在 5% 的水平上显著异于 0。以上研究结果证实了本书的假设 H4、H5 和 H6。

不同经济周期和融资约束下的房地产业营运资本需求动态调整速度见表 4-8。

表4-8 不同经济周期和融资约束下的房地产业营运资本需求动态调整速度

	GMM					
	2000—2016年	2000—2016年	2000—2007年	2000—2007年	2008—2016年	2008—2016年
	融资约束	无融资约束	融资约束	无融资约束	融资约束	无融资约束
WCR_{-1}	0.580***	0.872***	0.400***	0.851***	0.807***	0.997***
	(7.25)	(12.12)	(2.99)	(4.35)	(8.25)	(11.41)
FA	−0.390*	−0.439	−1.148**	−0.124	−0.301	−0.272
	(−1.92)	(−0.67)	(−2.07)	(−0.15)	(−0.74)	(−0.39)
RE	−0.022	0.088	−0.091*	−0.920	0.017	−0.040
	(−1.12)	(0.36)	(−1.69)	(−0.81)	(0.40)	(−0.23)
GROWTH	−0.011	−0.100***	0.079	−0.162**	−0.130**	−0.080
	(−0.18)	(−4.10)	(0.21)	(−2.48)	(−2.28)	(−1.27)
CFLOW	−0.286	−0.813***	0.005	−0.138	−0.612***	−0.709***
	(−0.72)	(−9.72)	(0.00)	(−0.57)	(−6.09)	(−5.94)
PRO	−1.269***	1.598***	−2.025***	0.000	−0.048	2.556***
	(−3.13)	(3.05)	(−3.87)	—	(−0.14)	(2.81)
REVN	−0.023	−0.277***	0.014	0.144	0.000	−0.357***
	(−1.19)	(−3.16)	(0.31)	(0.39)	(0.02)	(−2.66)
SIZE	0.030*	−0.011	−0.150	0.009	0.035**	−0.005
	(1.79)	(−0.58)	(−1.22)	(0.40)	(2.14)	(−0.73)
FCOST	0.617	0.162	3.425	−4.923	0.035	0.732
	(1.00)	(0.09)	(0.54)	(−0.74)	(0.07)	(0.67)
FE_{-1}	−0.010*	−0.001	−0.035	0.007	−0.005	−0.004**
	(−1.85)	(−1.15)	(−0.60)	(1.35)	(−0.95)	(−2.55)
DM_{-1}	−0.285***	−0.025	−0.294	−0.032	−0.077	−0.063**
	(−3.28)	(−0.81)	(−0.20)	(−0.10)	(−0.95)	(−1.99)
常数项	0.332	0.384	4.302	0.000	−0.372	0.320*
	(0.97)	(0.94)	(1.54)	—	(−1.39)	(1.77)
AR（1）	−1.99	−3.29	−1.66	−1.76	−1.75	−3.60
AR（2）	0.903	0.332	0.115	0.612	0.630	0.641
Sargan	0.558	0.444	0.497	—	0.102	0.425
Hansen	1.000	1.000	0.989	1.000	1.000	1.000
N	373	386	204	26	147	347

注：括号中为t值；*P<0.1，**P<0.05，***P<0.01。Hansen J统计量渐进服从χ^2分布，其P值越大，表明错误拒绝虚拟假设的可能性越大，即工具变量集不存在过度识别；AR（1）和AR（2）分别检验残差差分的一阶和二阶序列相关性，二者渐进服从标准正态分布，结果满足一阶序列负相关，二阶序列不相关特征。

　　如果考虑经济周期的影响，房地产业在经济周期上行期（2000—2007年），无融资约束公司向目标营运资本调整的速度很小，只有0.149（1−0.851），而融资约束公司向目标营运资本调整的速度很快，约为0.6（1−0.4），大大高于无融资约束公司；相应地，在经济周期下行期（2008—2016年），无融资约束公司向目标营运资本调整的速度比在经济周期上行期变慢且基本不调，由0.149变为0.003（1−0.997），而融资约束公司向目标营运资本调整的速度由经济周期上行期的 0.6 进一步下降为 0.193（1−0.807）。由经验 P 值可以看出，在六种分组下，各组营运资本的调整速度的差异均在 5% 的水平上显著异于 0。以上研究结果证实了假设 H5，但与本章的假设 H4 和 H6 相反。

不同经济周期和融资约束下的批发零售业营运资本需求动态调整速度见表 4−9。

表 4−9　不同经济周期和融资约束下的批发零售业营运资本需求动态调整速度

	GMM					
	2000—2016 年	2000—2016 年	2000—2007 年	2000—2007 年	2008—2016 年	2008—2016 年
	融资约束	无融资约束	融资约束	无融资约束	融资约束	无融资约束
WCR_{-1}	0.679***	0.824***	0.659***	0.706***	0.674***	0.823***
	(11.09)	(12.39)	(8.76)	(7.09)	(6.88)	(21.38)
FA	−0.154***	−0.067	−0.341***	0.009	0.312	−0.005
	(−2.63)	(−0.60)	(−3.66)	(0.07)	(1.33)	(−0.05)
RE	0.116***	0.083	0.148***	0.438	0.113	−0.095
	(2.80)	(0.82)	(2.79)	(0.51)	(0.61)	(−1.36)
GROWTH	−0.001	−0.002	−0.066	−0.086*	0.079**	0.049*
	(−0.04)	(−0.07)	(−1.44)	(−1.66)	(2.11)	(1.89)
CFLOW	−0.788***	−0.728***	−0.851***	−0.740***	−0.683***	−0.583***
	(−9.80)	(−5.05)	(−5.32)	(−6.18)	(−2.91)	(−8.30)
PRO	−0.026	0.603	0.093	−1.357	−1.036*	0.435
	(−0.13)	(1.18)	(0.33)	(−0.64)	(−1.74)	(1.14)
REVN	−0.039**	−0.259	−0.069***	0.737	0.040	−0.066
	(−2.15)	(−0.54)	(−3.28)	(0.71)	(1.34)	(−0.20)
SIZE	−0.001	−0.006	0.014	0.016	0.067*	−0.000
	(−0.07)	(−0.54)	(0.99)	(0.49)	(1.69)	(−0.02)
FCOST	0.161	0.731*	1.067	0.841	−0.855	1.188***
	(0.78)	(1.79)	(1.17)	(0.53)	(−1.43)	(2.91)
FE_{-1}	−0.002	0.000	−0.003	−0.008*	−0.000	0.001***
	(−1.29)	(0.35)	(−0.87)	(−1.72)	(−0.19)	(2.73)
DM_{-1}	−0.158***	−0.013	−0.368***	−0.087	−0.041	0.007
	(−5.01)	(−0.51)	(−2.79)	(−0.70)	(−0.69)	(0.51)
常数项	0.419**	0.166	0.539	−0.035	−1.286*	−0.040
	(2.07)	(0.59)	(1.46)	(−0.05)	(−1.74)	(−0.32)
AR（1）	−2.58	−3.02	−2.74	−1.74	−2.00	−3.27
AR（2）	0.258	0.228	0.193	0.727	0.684	0.184
Sargan	0.510	0.915	0.643	0.697	0.826	0.609
Hansen	1.000	1.000	1.000	1.000	1.000	1.000
N	508	542	293	72	190	447

注：括号中为 t 值；*P<0.1，**P<0.05，***P<0.01。Hansen J 统计量渐进服从 χ^2 分布，其 P 值越大，表明错误拒绝虚拟假设的可能性越大，即工具变量集不存在过度识别；AR（1）和 AR（2）分别检验残差差分的一阶和二阶序列相关性，二者渐进服从标准正态分布，结果满足一阶序列负相关，二阶序列不相关特征。

如果考虑经济周期的影响，批发零售业在经济周期上行期（2000—2007年），无融资约束公司向目标营运资本调整的速度很小，只有0.294（1-0.706），而融资约束公司向目标营运资本调整的速度较快，约为0.341（1-0.659），高于无融资约束公司；相应地，在经济周期下行期（2008—2016年），无融资约束公司向目标营运资本调整的速度比在经济周期上行期变慢且基本不调，由0.294变为0.177（1-0.823），而融资约束公司向目标营运资本调整的速度由经济周期上行期的0.341进一步下降为0.326（1-0.674）。由经验P值可以看出，在六种分组下，各组营运资本的调整速度的差异均在5%的水平上显著异于0。以上研究结果证实了假设H5，但与本章的假设H4和H6相反。

4.5 稳健性检验

为了进一步检验实证结果的稳健性，做了以下的稳健性测试。首先，在Sonia Baños-Caballero（2010）目标营运资本需求模型的基础上，对增加的宏观经济政策变量对营运资本需求是否具有显著性影响进行了检验，通过对304家制造企业2000—2011年的面板数据建立混合效应模型、固定效应模型和随机效应模型，并通过双F检验和Hausman检验（见表4-5），其P值均为0，说明应拒绝混合效应模型和随机效应模型，选用固定效应模型。

模型设定检验见表4-10。目标营运资本需求模型各解释变量影响显著性检验见表4-11。

表4-10 　　　　　　　　　　**模型设定检验**

Redundant Fixed Effects Tests	Statistic	d.f.	Prob.
Cross-section F	5.180256	（303，3638）	0.0000
Cross-section Chi-square	1 417.536560	303	0.0000
Hausman Test	Chi-Sq.Statistic	Chi-Sq.d.f.	Prob.
Cross-section random	50.822632	10	0.0000

表4-11　　　　目标营运资本需求模型各解释变量影响显著性检验

	MODEL1 混合模型	MODEL2 固定效应模型	MODEL3 随机效应模型
C	0.755244*** （11.62199）	1.059898*** （10.23653）	0.890778*** （10.74744）
FE$_{-1}$	−0.007731*** （−7.895435）	−0.007054*** （−8.201840）	−0.007356*** （−8.589845）
LIR$_{-1}$	0.017312*** （10.98347）	0.015454*** （10.61814）	0.016525* （11.69518）
Fa	−0.267997*** （−11.56529）	−0.210720*** （−6.093966）	−0.230012*** （−7.977544）
Re	−0.218469*** （−31.18555）	−0.217825*** （−30.14484）	−0.217455*** （−31.49487）
SIZE	−0.017636*** （−5.747132）	−0.033023*** （−6.651231）	−0.024721*** （−6.214667）
FCOST	0.386148*** （5.812017）	0.306314*** （3.390390）	0.332693*** （4.213944）
REVN	−0.047601*** （−5.692459）	−0.046361*** （−3.778822）	−0.045644*** （−4.413495）
PRO	0.434517*** （12.99921）	0.343313*** （11.33111）	0.362412*** （12.08078）
CFLOW	−0.468406*** （−10.71035）	−0.521968*** （−12.49817）	−0.502095*** （−12.32675）
GROWTH	−0.078883*** （−7.985722）	−0.064728*** （−6.889960）	−0.068054*** （−7.404278）
观察值	3 952	3 952	3 952
R-squared	0.335669	0.535904	0.331839

注：（1）括号中为t值；（2）***，**，*分别表示1%，5%和10%水平上显著。

　　在表4-11中，构建的目标营运资本需求模型的回归结果在三种模型形式下可决系数分别为0.335669、0.535904和0.331839，说明模型的拟合优度较好；三种模型形式下的各个解释变量的t值均很显著，其中代表财政政策的指标（滞后一期的财政支出增长率）与营运资本需求表现为显著的负相关关系；代表货币政策的指标（滞后一期的贷款利率）与营运资本需求表现为显著的正相关关系，说明货币政策和财政政策对营运资本需求影响显著，在构建目标营运资本需求模型时应考虑货币政策和财政政策这些宏观经济政策的影响，调整后的目标营运资本需求模型具有很好的解释力。同时将货币政策的衡量指标替换为货币流量增速（M2-M1）/M1，进行稳健性测试，主要结论未发生实质性改变。

　　本章进一步测试了实证结果对分位点选取的敏感性，选取40分位和

60分位重新划分样本，分别对全行业、制造业、房地产业和批发零售业进行检验，以下的稳健性测试结果均显示，本章的主要研究结论未发生实质性的改变，表明上述实证研究结果是稳健的。

不同经济周期和融资约束下的全行业40分位和60分位营运资本需求动态调整速度见表4-12。

表4-12　　　不同经济周期和融资约束下的全行业40分位和

60分位营运资本需求动态调整速度

	GMM					
	2000—2016年	2000—2016年	2000—2007年	2000—2007年	2008—2016年	2008—2016年
	融资约束	无融资约束	融资约束	无融资约束	融资约束	无融资约束
WCR_{-1}	0.617***	0.887***	0.521***	0.788***	0.745***	0.998***
	(13.38)	(30.29)	(4.21)	(13.23)	(11.55)	(8.59)
FA	−0.063	0.060**	0.012	0.099*	−0.199**	0.200*
	(−0.90)	(2.07)	(0.07)	(1.75)	(−2.27)	(1.93)
RE	0.030*	−0.004	0.144*	−0.003	0.097***	−0.183
	(1.95)	(−0.10)	(1.90)	(−0.03)	(3.83)	(−0.80)
GROWTH	−0.013	−0.009	0.130	−0.047	−0.028	−0.208*
	(−0.66)	(−0.38)	(0.82)	(−1.47)	(−1.72)	(−1.88)
CFLOW	−0.819***	−0.642***	−0.362	−0.551***	−0.628***	−1.441***
	(−8.50)	(−9.52)	(−0.66)	(−5.36)	(−5.58)	(−4.79)
PRO	0.450***	0.743***	−0.559	0.540**	0.429**	2.022**
	(3.87)	(4.48)	(−0.94)	(2.19)	(2.03)	(2.31)
REVN	−0.020	−0.015	−0.187**	−0.088	−0.019	−0.346
	(−1.13)	(−0.27)	(−2.30)	(−0.72)	(−0.60)	(−1.38)
SIZE	0.034***	−0.003	−0.136***	−0.001	−0.002	−0.055**
	(3.72)	(−1.39)	(−2.91)	(−0.24)	(−0.14)	(−2.41)
FCOST	0.052	0.173	−1.762	−0.252	0.060	−0.859
	(0.56)	(1.08)	(−1.04)	(−0.64)	(1.11)	(−1.10)
FE_{-1}	−0.002***	−0.001***	−0.004	−0.001	−0.001**	0.000
	(−4.33)	(−2.93)	(−1.33)	(−0.47)	(−2.46)	(0.41)
DM_{-1}	−0.090***	−0.011**	0.107	−0.108**	−0.047***	0.018
	(−6.82)	(−1.97)	(0.65)	(−2.34)	(−5.14)	(0.71)
常数项	−0.352**	0.096*	2.705***	0.237*	0.240	1.243**
	(−2.05)	(1.72)	(3.32)	(1.80)	(0.82)	(2.35)
AR（1）	−7.19	−12.95	−5.11	−6.40	−7.37	−4.86
AR（2）	0.891	0.495	0.133	0.244	0.123	0.119
Sargan	0.978	0.944	—	0.145	0.108	0.893
Hansen	0.186	0.455	0.122	0.230	0.729	0.944
N	9 295	9 804	3 846	1 889	4 964	7 393

注：括号中为t值；*P<0.1，**P<0.05，***P<0.01。Hansen J统计量渐进服从 χ^2 分布，其P值越大，表明错误拒绝虚拟假设的可能性越大，即工具变量集不存在过度识别；AR（1）和AR（2）分别检验残差差分的一阶和二阶序列相关性，二者渐进服从标准正态分布，结果满足一阶序列负相关，二阶序列不相关特征。

不同经济周期和融资约束下的制造业40分位和60分位营运资本需求动态调整速度见表4-13。

表4-13　　　　**不同经济周期和融资约束下的制造业40分位**

和60分位营运资本需求动态调整速度

	GMM					
	2000—2016年	2000—2016年	2000—2007年	2000—2007年	2008—2016年	2008—2016年
	融资约束	无融资约束	融资约束	无融资约束	融资约束	无融资约束
WCR_{-1}	0.511***	0.885***	0.512***	0.780***	0.388**	0.701***
	(45.16)	(59.72)	(3026.73)	(17.92)	(2.46)	(10.28)
FA	−0.035	0.113***	−0.165***	0.080	0.009	0.072
	(−1.53)	(5.20)	(−299.81)	(1.62)	(0.03)	(1.16)
RE	0.080***	−0.050***	0.086***	−0.078	−0.019	0.186**
	(18.44)	(−2.70)	(433.64)	(−1.14)	(−0.48)	(2.20)
GROWTH	0.015**	−0.086***	−0.085***	−0.085***	−0.208**	−0.082**
	(2.10)	(−6.57)	(−698.71)	(−5.86)	(−2.58)	(−2.33)
CFLOW	−0.452***	−0.741***	−0.854***	−0.424***	−0.377	−0.616***
	(−18.62)	(−33.54)	(−1393.66)	(−5.58)	(−1.25)	(−6.43)
PRO	0.324***	1.128***	0.552***	0.632*	1.694***	1.740***
	(16.80)	(14.19)	(561.45)	(1.79)	(2.74)	(5.16)
REVN	−0.003	−0.132**	−0.155***	0.348*	−0.022	−0.624***
	(−0.47)	(−2.32)	(−558.62)	(1.71)	(−0.21)	(−3.41)
SIZE	−0.008***	−0.005**	−0.017***	−0.001	0.010	−0.003
	(−3.30)	(−2.34)	(−140.40)	(−0.14)	(0.35)	(−0.22)
FCOST	−0.297***	−0.381***	0.545***	−0.210	−0.959	0.900
	(−4.13)	(−5.04)	(181.75)	(−0.96)	(−0.85)	(1.57)
FE_{-1}	−0.002***	−0.000***	−0.002***	−0.002***	−0.004	0.000
	(−8.92)	(−2.95)	(−100.91)	(−2.78)	(−1.02)	(0.09)
DM_{-1}	−0.103***	−0.010***	−0.267***	−0.063*	−0.077	0.003
	(−24.01)	(−4.22)	(−383.69)	(−1.66)	(−1.16)	(0.22)
常数项	0.484***	0.151***	0.990***	0.164	0.090	0.039
	(10.45)	(3.03)	(565.47)	(1.12)	(0.16)	(0.12)
AR（1）	−3.99	−7.50	−4.41	−4.45	−2.74	−5.01
AR（2）	0.721	0.374	0.726	0.906	0.357	0.420
Sargan	0.832	0.866	—	0.734	0.717	0.717
Hansen	0.764	0.484	0.894	0.891	0.707	0.975
N	2 286	2 356	1 470	556	691	1 651

注：括号中为t值；*P<0.1，**P<0.05，***P<0.01。Hansen J统计量渐进服从x^2分布，其P值越大，表明错误拒绝虚拟假设的可能性越大，即工具变量集不存在过度识别；AR（1）和AR（2）分别检验残差差分的一阶和二阶序列相关性，二者渐进服从标准正态分布，结果满足一阶序列负相关，二阶序列不相关特征。

不同经济周期和融资约束下的房地产业40分位和60分位营运资本需求动态调整速度见表4-14。

73

表 4-14　　　　　不同经济周期和融资约束下的房地产业 40 分位
和 60 分位营运资本需求动态调整速度

	GMM					
	2000—2016年	2000—2016年	2000—2007年	2000—2007年	2008—2016年	2008—2016年
	融资约束	无融资约束	融资约束	无融资约束	融资约束	无融资约束
WCR_{-1}	0.635***	0.862***	0.524***	0.592*	0.678***	0.873***
	(46.11)	(30.70)	(13.65)	(1.71)	(72.13)	(18.50)
FA	−0.325***	0.018	−0.092	−0.119	0.277***	−1.051**
	(−6.76)	(0.08)	(−0.88)	(−0.13)	(5.79)	(−2.49)
RE	−0.010***	0.356***	−0.000	−0.342	0.150***	0.314**
	(−5.04)	(2.63)	(−0.04)	(−0.50)	(6.37)	(2.18)
GROWTH	−0.047***	−0.115***	0.176***	−0.052	−0.173***	−0.101***
	(−5.71)	(−4.79)	(2.74)	(−0.24)	(−36.11)	(−2.62)
CFLOW	−0.594***	−0.869***	−0.948***	−0.746*	−0.589***	−0.775***
	(−25.66)	(−47.17)	(−5.60)	(−1.89)	(−46.32)	(−18.47)
PRO	−0.857***	0.607*	−2.361***	−1.131	0.296***	0.903***
	(−18.36)	(1.76)	(−8.04)	(−0.54)	(5.24)	(7.78)
REVN	−0.025***	−0.254***	−0.055***	0.145	−0.017***	−0.278***
	(−9.86)	(−5.04)	(−8.10)	(0.41)	(−5.22)	(−9.87)
SIZE	0.032***	0.004	−0.056***	−0.053	0.026***	−0.004
	(7.42)	(0.77)	(−2.68)	(−0.52)	(13.25)	(−1.04)
FCOST	0.623***	0.177	3.120***	−0.095	−0.589***	−1.391**
	(3.67)	(0.41)	(3.82)	(−0.02)	(−9.30)	(−2.04)
FE_{-1}	−0.006***	−0.000	−0.019***	0.012*	−0.001***	−0.002***
	(−14.69)	(−0.39)	(−5.36)	(1.90)	(−4.00)	(−2.80)
DM_{-1}	−0.204***	−0.024***	0.218	−0.511*	−0.052***	−0.056***
	(−20.65)	(−7.10)	(1.09)	(−1.77)	(−12.85)	(−3.28)
常数项	0.032	0.019	1.237*	2.030	−0.253***	0.330***
	(0.39)	(0.14)	(1.90)	(0.94)	(−7.01)	(3.35)
AR（1）	−2.54	−3.83	−2.35	−1.66	−1.79	−3.18
AR（2）	0.832	0.952	0.110	0.806	0.909	0.617
Sargan	0.892	0.343	0.380	0.192	0.248	0.390
Hansen	1.000	1.000	0.565	1.000	0.973	0.991
N	460	454	247	47	188	392

注：括号中为 t 值；*P<0.1，**P<0.05，***P<0.01。Hansen J 统计量渐进服从 χ^2 分布，其 P 值越大，表明错误拒绝虚拟假设的可能性越大，即工具变量集不存在过度识别；AR（1）和 AR（2）分别检验残差差分的一阶和二阶序列相关性，二者渐进服从标准正态分布，结果满足一阶序列负相关，二阶序列不相关特征。

不同经济周期和融资约束下的批发零售业 40 分位和 60 分位营运资本需求动态调整速度见表 4-15。

表4-15　　　　不同经济周期和融资约束下的批发零售业40分位

和60分位营运资本需求动态调整速度

	GMM					
	2000—2016年	2000—2016年	2000—2007年	2000—2007年	2008—2016年	2008—2016年
	融资约束	无融资约束	融资约束	无融资约束	融资约束	无融资约束
WCR$_{-1}$	0.698***	0.832***	0.607***	0.789***	0.636***	0.829***
	(229.10)	(49.38)	(38.92)	(8.53)	(11.77)	(41.68)
FA	−0.146***	−0.109	−0.339***	−0.062	0.107	−0.050
	(−21.23)	(−1.30)	(−19.69)	(−0.63)	(0.85)	(−1.24)
RE	0.117***	−0.006	0.135***	−0.118	−0.039	−0.055
	(47.88)	(−0.15)	(46.97)	(−0.47)	(−0.40)	(−1.34)
GROWTH	−0.004**	−0.001	−0.079***	−0.106***	0.071**	0.031*
	(−2.13)	(−0.07)	(−18.96)	(−2.88)	(2.27)	(1.83)
CFLOW	−0.827***	−0.766***	−0.877***	−0.815***	−0.448***	−0.617***
	(−144.74)	(−27.16)	(−64.44)	(−8.52)	(−3.28)	(−23.68)
PRO	−0.010	0.551***	−0.015	1.063	−0.447**	0.645***
	(−0.90)	(3.65)	(−0.69)	(1.30)	(−2.41)	(3.05)
REVN	−0.036***	−0.069	−0.050***	−0.242	−0.012	−0.012
	(−23.84)	(−0.58)	(−30.96)	(−0.34)	(−0.37)	(−0.13)
SIZE	0.001	0.001	0.006***	−0.001	−0.030	−0.002
	(0.93)	(0.28)	(2.97)	(−0.07)	(−0.95)	(−0.80)
FCOST	0.272***	0.414**	1.117***	1.390	−0.274	1.081***
	(8.29)	(2.25)	(10.44)	(1.00)	(−0.61)	(5.77)
FE$_{-1}$	−0.002***	0.000	−0.000	−0.009***	−0.001	0.000
	(−22.34)	(0.51)	(−0.18)	(−2.64)	(−0.92)	(0.89)
DM$_{-1}$	−0.146***	−0.018***	−0.529***	0.032	−0.048	−0.009
	(−74.78)	(−5.57)	(−15.02)	(0.24)	(−1.22)	(−0.73)
常数项	0.364***	0.035	0.920***	0.146	0.718	0.050
	(18.24)	(0.29)	(12.42)	(0.37)	(1.06)	(1.15)
AR（1）	−2.82	−3.24	−2.85	−2.30	−2.30	−3.08
AR（2）	0.321	0.353	0.287	0.736	0.910	0.353
Sargan	0.375	0.809	0.294	0.734	0.763	0.535
Hansen	1.000	1.000	1.000	1.000	1.000	1.000
N	626	641	353	96	238	518

　　注：括号中为t值；*P<0.1，**P<0.05，***P<0.01；Hansen J统计量渐进服从χ^2分布，其P值越大，表明错误拒绝虚拟假设的可能性越大，即工具变量集不存在过度识别；AR（1）和AR（2）分别检验残差差分的一阶和二阶序列相关性，二者渐进服从标准正态分布，结果满足一阶序列负相关，二阶序列不相关特征。

4.6   ———— 进一步分析——以新西兰面板数据为例 ————

4.6.1 样本

本章采用面板数据，时间窗口为2004—2015年，以新西兰企业作为本次研究的样本，样本数据来源于 Thomson one，为了满足面板数据分析的需要，使结果更有说服力，在样本的选择上剔除了数据不全的公司和金融保险业公司，对所有公司层面的连续变量进行了1%的 Winsorized 缩尾处理以消除离群值的影响，最终得到32家上市公司384个有效观测值的平衡面板数据。书中涉及的宏观经济数据来自于 Statistics New Zealand，The Treasury。

4.6.2 营运资本需求的衡量指标

变量定义见表4-16。

表4-16   **变量定义**

性质	变量名称	符号	定义
解释变量	目标营运资本需求	WCR^*	WCR=（应收账款+应收票据+预付账款+存货）–（应付票据+应付账款+预收账款+应付职工薪酬+应交税费）/总资产
外生变量	官方现金利率	OCR	官方现金利率
	国内生产总值	GDP	
内生变量	固定资产投资	FA	固定资产/总资产
	现金流量	CFLOW	经营活动现金流量/总资产
	盈利能力	REVN	息税前利润/营业收入
	成长性	GROWTH	总资产增长率
	公司规模	SIZE	LN营业收入
	融资成本	FCOST	财务费用/负债-应付账款

4.6.3 目标营运资本需求模型设定

由于目标营运资本需求水平不可观测，本章在 Sonia Baños-Caballero（2010）目标营运资本需求模型的基础上，增加货币政策变量做相应的调整后[①]，将模型设定为：

$$WCR_{it}^{*} = \beta_0 + \beta_1 FA_{it} + \beta_2 CFLOW_{it} + \beta_3 REVN_{it} + \beta_4 GROWTH_{it} + \beta_5 SIZE_{it} +$$
$$\beta_6 FCOST_{it} + \beta_7 OCR_{it-1} + \beta_8 GDP_{it} + u_i + \varepsilon_{it} \qquad (4-5)$$

假设个体效应 u_i 是常量，u_i 代表恒定不变的影响营运资本管理的因素，其他随时间而变的因素的作用归入随机项 ε_{it} 中。

4.6.4 经济周期、货币政策与营运资本需求的动态调整模型设定

1）经济周期的划分

新西兰国内生产总值增长率见表4-17。

表4-17　　　　　　　　　**新西兰国内生产总值增长率**

经济周期下行期	2004年	2005年	2006年	2007年	2008年	2009年
	5.5%	2.6%	3.4%	3.3%	1.6%	−2.9%
经济周期上行期	2010年	2011年	2012年	2013年	2014年	2015年
	1.7%	1.3%	2.7%	2.0%	3.1%	3.2%

数据来源：Statistics New Zealand，The Treasury．

新西兰2004—2015年GDP与利息率变化趋势图如图4-1所示。

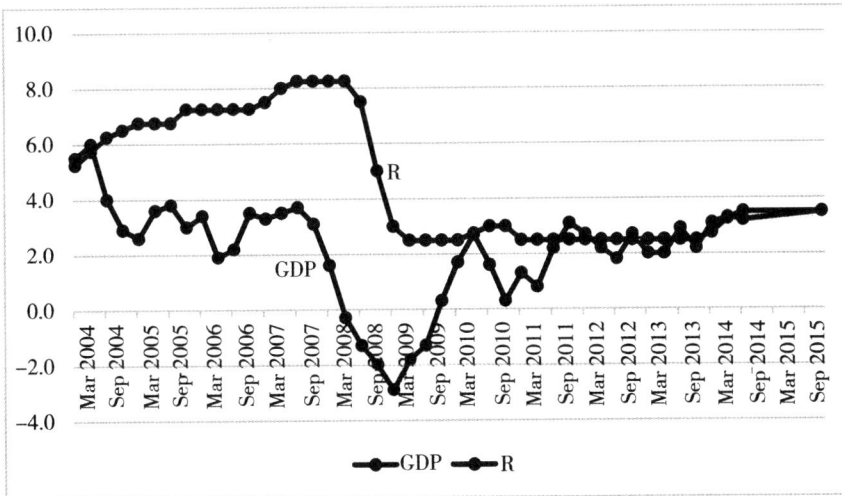

数据来源：Statistics New Zealand，The Treasury.

图4-1　新西兰2004—2015年GDP与利息率变化趋势图

---

① 模型中删除了 RE_{it}、PRO_{it} 和 $ZSCORE_{it}$；此外，增加 OCR_{it-1}，原因为滞后一期的 OCR_{it-1} 对 WCR_{it} 具有显著影响。

中国国内生产总值增长率见表4-18。

表4-18 中国国内生产总值增长率

经济周期	2000年	2001年	2002年	2003年	2004年	2005年	2006年	2007年
上行期	8.4%	8.3%	9.1%	10%	10.1%	11.3%	12.7%	14.2%
经济周期	2008年	2009年	2010年	2011年	2012年	2013年	2014年	2015年
下行期	9.6%	9.2%	10.45%	9.24%	7.65%	7.67%	7.4%	6.9%

数据来源：中华人民共和国国家统计局.中国统计年鉴2015［M］.北京：中国统计出版社，2015.

新西兰是建立在自由市场原则上一个小的开放经济体，它拥有一定规模的制造和服务部门以及以高效率出口为导向的农业部门，初级商品的出口占整个商品出口的一半以上，商品和服务的出口占了GDP实际支出的1/3。受全球金融危机的影响，新西兰经历了2008年的经济衰退，并且该影响一直持续到2009年。与其他发达国家所经历的相同，当面对贷款利率的不断上升和房价适度的下跌时，新西兰企业和消费者信心普遍下挫。此外，由于全球金融和经济环境的不确定性使当地银行在海外市场筹集的资金大量减少。从2008年3月到2009年6月间新西兰实际的GDP整体上递减了2.8%。

新西兰的经济在经历了2008年9月的衰退后于2010年得到了稳步复苏，从2010年第三个季度开始年增长率（除了2012年很小幅度的增长外）平均为2.1%，到2014年达到了较高的历史标准，2015年6月和9月两个季度分别增长0.3%和0.9%，截至2015年9月年平均增长率达到2.9%。新西兰这几年的增长主要是依靠基建、服务和农业部门的贡献；全球经济在2010年从全球金融危机中起死回生，但是由于中国公共经济刺激措施的减弱，以及日本2011年地震所带来的破坏性影响和欧洲主权债务问题使全球经济增长显著放缓。2015年上半年新西兰经济增长放缓，为应对低迷的全球和国内市场需求和贸易条件，新西兰经济增长预期继续趋缓。

如图4-1所示，按照"波谷—波谷"法划分，新西兰GDP增长率在2004—2009年由2004年的6%逐年下滑至2009年的-2.9%的低点，我们将该期间划分为新西兰经济周期的下行期；2010年在经历了全球金融危机的洗礼后，新西兰政府采取各种有效的宏观经济调控政策，使GDP增长率由2009年的-2.9%逐年攀升，除2011年受到基督城地震的影响，略有下滑外，从2012年持续上升至2015年的3.2%，我们将该期间（2010—2015年）划分为新西兰经济周期的上行期（见表4-17）。

如图4-2所示，中国与新西兰经济周期正好相反，于2000年进入新中国成立后的第10个经济周期，GDP增长率在2000—2007年间由2000年的8.4%逐年攀升，一直升至2007年的14.2%的高点，将该期间划分为中国经济周期的上行期；2008年由于中国经济受到全球金融危机的影响，GDP增长率迅速回落至9.6%，2009年进一步下降至9.2%，2010年虽稍有回升，但在2011年又下跌至9.24%，随后GDP增长率逐年下跌至2015年的6.9%，将该期间2008—2015年划分为中国经济周期的下行期（见表4-18）。

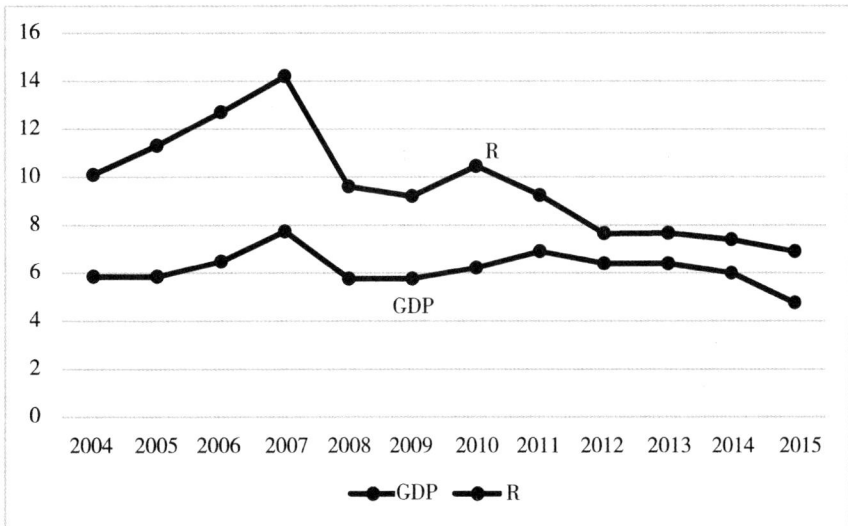

数据来源：中华人民共和国国家统计局.中国统计年鉴2015［M］.北京：中国统计出版社，2015.

图4-2　中国2004—2015年GDP与利息率变化趋势图

2）新西兰的货币政策

新西兰货币政策的核心是保持物价稳定。1989年12月，新西兰储备银行拟定了第一份《政策目标协议》（Policy Targets Agreement，PTA），率先建立起了世界上第一个通货膨胀目标制货币政策框架。在随后的15年，先后有20多个国家正式宣布开始实施通货膨胀目标制。PTA由新西兰储备银行的管理层和财政部长制定，以保持物价稳定为具体目标，避免不必要的产出、利率和汇率的不稳定。当前PTA要求新西兰储备银行将中期的通货膨胀率保持在平均1%到3%的区间范围内，并且附加一个额外条款，要求未来平均通货膨胀率保持在2%左右的目标中值内。

如图4-1所示，为了应对全球金融危机，新西兰储备银行将OCR从2008年年中的8.25%降到2009年4月的2.5%，并采取相关措施以保证银行部门具备充足的流动性。2010年当经济开始复苏，新西兰储备银行重新提高利率，到2010年7月已增长至3%。2011年由于经历了基督城地震后又下调了50个基点至2.5%。此后，持续低迷的全球经济前景使新西兰利息率一直维持在2.5%，直到2014年3月新西兰储备银行开始执行紧缩的货币政策，OCR在2014年7月上调了100个百分点达到3.5%。基督城重建和国内需求的上升使国内通货膨胀率降低，新西兰储备银行在国内和全球低通货膨胀的环境下OCR降低到2.5%。

3）营运资本需求动态调整模型设定

对营运资本需求动态调整模型的构建，本章使用局部调整模型，其模型形式为：

$$WCR_{it} - WCR_{it-1} = \lambda \ (\ WCR_{it}^* - WCR_{it-1}) \tag{4-6}$$

式中，WCR_{it} 和 WCR_{it-1} 分别表示第 i 家公司在 t 年和 $t-1$ 年的营运资本需求，WCR_{it}^* 表示第 i 家公司在第 t 年的目标营运资本需求，用于衡量该行业内公司的目标营运资本需求。调整速度决定于调整系数 λ（$0 \leq \lambda \leq 1$）。如果 $\lambda = 0$，表示公司基本不进行调整；如果 $\lambda = 1$，表示公司的调整行为比较积极，可以在当期调整到目标营运资本需求水平。通过对模型（4-5）进行变换，并加入反映个体效应和时间效应的虚拟变量 α_i 和 ν_t，可得到如下动态面板数据模型：

$$WCR_{it} = （1 - \lambda） WCR_{it-1} + \lambda WCR_{it}^* + \alpha_i + \nu_t + \varepsilon_{jt} \tag{4-7}$$

将模型（4-5）代入模型（4-7）得如下模型：

$$WCR_{it} = \alpha + \rho WCR_{it-1} + \delta_1 FA_{it} + \delta_2 CFLOW_{it} + \delta_3 REVN_{it} + \delta_4 GROWTH_{it} + \delta_5 SIZE_{it} +$$
$$\delta_6 FCOST_{it} + \delta_7 OCR_{it-1} + \delta_8 GDP_{it} + u_i + \lambda_i + \upsilon_{it} \tag{4-8}$$

其中：$\alpha = \gamma\beta_0$；$\rho = (1-\gamma)$；$\delta_k = \gamma\beta_k$；$\upsilon_{it} = \gamma\varepsilon_{it}$.

υ_i是不可观测的异质性或者是不可观测的个体效应，λ_i控制行业影响的虚拟变量；υ_{it}是随机扰动项。由于模型的右边包含了被解释变量的一阶滞后项 WCR$_{it-1}$，为了克服潜在的内生性问题，采用 Arellano 和 Bover（1995）提出的"系统 GMM"估计方法获得参数估计值。

4.6.5 描述性统计

变量描述性统计见表 4-19。

表 4-19 变量描述性统计

	平均值	中值	最大值	最小值	标准差
WCR	0.111773	0.052294	0.567195	-0.733481	0.177712
FA	0.412659	0.378744	0.988785	0.000326	0.271751
CFLOW	0.02922	0.07496	0.602282	-8.651714	0.539321
REVN	-0.347062	0.104887	6.982929	-126.1521	6.607797
GROWTH	0.244519	0.052918	17.32382	-0.965679	1.344865
SIZE	5.610796	5.852928	10.16674	-3.725129	2.234573
FCOST	0.050813	0.047781	0.918022	-0.096231	0.054799
OCR	4.614583	3.375	8.25	2.5	2.266056
GDP	2.286458	2.65	6	-2.9	1.923314

81

4.7 回归结果

从表 4-20 可以看出，当采用 GMM 估计方法估计不同经济周期下的企业营运资本需求的动态调整模型时，Sargan 检验的 P 值均大于 0.05，表明模型选择的工具变量是合理的，不存在过度识别的问题。

4.7.1 不考虑经济周期的影响结果分析

如果不考虑经济周期的影响，新西兰上市公司营运资本需求的调整速度为 0.603256（1-0.396744），并且 P 值为 0，均很显著。说明如果不考虑经济周期因素，新西兰上市公司的营运资本调整速度明显高于中国上市

表4-20　不同经济周期和货币政策下的营运资本需求动态调整速度

	GMM		
	2004—2015年	2004—2011年	2011—2015年
WCR$_{-1}$	0.396744***	0.104368***	0.266572***
	(0.0000)	(0.0011)	(0.0000)
FA	−0.143914***	−0.003245	−0.906813***
	(0.0000)	(0.9399)	(0.0000)
CFLOW	0.096821***	0.103773***	−0.096942**
	(0.0000)	(0.0000)	(0.018)
REVN	−0.001265***	−0.000922***	0.031568***
	(0.0000)	(0.0000)	(0.0000)
GROWTH	0.007895***	−0.003093***	0.001983
	(0.0000)	(0.0001)	(0.5235)
SIZE	0.005222***	0.001193	−0.002155
	(0.0000)	(0.8164)	(0.7849)
FCOST	−0.074178***	−0.120879***	−0.0224
	(0.0000)	(0.0000)	(0.5859)
OCR	0.008189***	0.003296***	0.015105***
	(0.0000)	(0.0140)	(0.0831)
GDP	−0.005705***	−0.004071***	−0.007361***
	(0.0000)	(0.0156)	(0.0000)
Sargan P值	0.745284	0.727181	0.962515
观察值个数	320	128	192

注：（1）括号中为P值；（2）***，**，*分别表示1%，5%和10%水平上显著；（3）Sargan P值表示对工具变量的合理性进行的过度识别检验。

公司。

4.7.2　考虑经济周期的影响结果分析

如果考虑经济周期的影响，在经济周期下行期（2004—2010年），新西兰企业向目标营运资本调整的速度很快，为0.895632（1-0.104368），大大高于中国上市公司的调整速度；相应地，在经济周期上行期（2011—2015年），新西兰企业向目标营运资本调整的速度与经济周期下行期相比变慢并且下降幅度较小，由0.895632变为0.733428（1-0.266572），由经验P值可以看出，在不同经济周期的分组下，各组营运资本的调整速度的差异均在5%的水平上显著异于0。以上研究结果证实了本章的假设H4。

不同经济周期和货币政策下的营运资本需求动态调整速度见表4-20。

4.8   稳健性检验

为了进一步检验实证结果的稳健性，本章对实证结果做了一系列稳健性测试。首先，在 Sonia Baños-Caballero（2010）目标营运资本需求模型的基础上，对增加的货币政策变量对营运资本需求是否具有显著性影响进行了检验，通过对32家新西兰企业2004—2015年的面板数据建立混合效应模型、固定效应模型和随机效应模型，并通过双 F 检验和 Hausman 检验，其 P 值均为0，说明应拒绝混合效应模型和随机效应模型，选用固定效应模型。

此外，代表货币政策的指标（滞后一期的现金利率）与营运资本需求表现为显著的正相关关系，说明货币政策对营运资本需求影响显著，在构建目标营运资本需求模型时应考虑货币政策的影响，调整后的目标营运资本需求模型具有很好的解释力。同时将货币政策的衡量指标替换为货币流量增速（M2-M1）/M1，进行稳健性测试，主要结论未发生实质性改变，表明上述实证研究结果是稳健的。

4.9   结 论

本章选择2000—2016年为时间窗口，以在沪深两市上市的制造业、房地产业和批发零售业企业的年度面板数据为样本，从经济周期波动的视角筛选了宏观及微观层面的企业营运资本需求波动水平的影响因素，并进行了静态和动态两方面的实证分析检验，力图在证明理论现实意义的同时，为企业提供基于不同经济周期和融资约束下的营运资本需求调整速度的预测参考值。本章的实证结果显示：（1）企业存在目标营运资本需求，并且其受货币政策和财政政策的影响显著。（2）在不同的经济周期下，公司的营运资本需求会向目标营运资本需求调整。经济周期与企业营运资本需求的调整速度负相关，即在经济周期上行期，调整速度较慢；在经济周期下行期，调整速度较快。（3）在不同的经济周期下，不同融资约束的企业的营运资本需求会以不同的速度向目标营运资本需求调整：在经济周期上行期，制造业无融资约束公司对营运资本的调整速度较慢，只进行微调，但融资约束公司由于受到自身融资约束的影响，仍然保持较快的调整速度。在经济下行期，无融资约束公司营运资本需求的调整速度迅速加快，但融资约束公司对营运资本需求的调整速度变得更快，即融资约束会促使企业在经济周期下行期更加积极地进行营运资本管理。对于房地产业和批发零售业情况正好相反，在经济周期上行期，房地产业和批发零售业无融资约束公司对营运资本的调整速度相对于下行期较快，但融资约束公司由于受到自身融资约束的影响，仍然保持较快的调整速度。在经济周期下行期，无融资约束公司营运资本需求的调整速度迅速变慢，房地产业基本不调，融资约束公司对营运资本需求的调整速度亦变慢，主要原因在于房地产业与批发零售业在经济周期下行期即经济不景气时，大部分企业会偏离制造生产主业，将资金大量地投向房地产业或第三产业，即"脱实向虚"，因此房地产业与批发零售业在经济周期下行期会出现企业大量的闲置资金注入，资金供给充足，大大缓解了两个行业的融资约束。因此在经济周期下行期，这两个行业表现为营运资本调整速度的大幅降低，甚至不调。

此外，本章还进一步选择了 2004—2015 年为时间窗口，以新西兰 32 家企业的年度面板数据为样本，进一步考察了新西兰企业在不同经济周期和货币政策下的营运资本需求调整速度。本章的实证结果显示：（1）新西兰企业同样存在目标营运资本需求，并且其受货币政策和 GDP 的影响显著；（2）在不同的经济周期下，新西兰企业的营运资本需求会向目标营运资本需求调整。经济周期与企业营运资本需求的调整速度负相关，即在经济周期上行期，货币政策紧缩，营运资本调整速度较慢；在经济周期下行期，货币政策宽松，调整速度较快，而且新西兰企业的营运资本需求调整速度明显高于中国。

本章的经验证据表明：（1）在不同的经济周期，无论是中国企业还是新西兰制造企业的经营目标都是不同的：在经济周期上行期，企业以追求企业价值最大化为目标；而在经济周期下行期，将转为流动性最大化。（2）货币政策和财政政策是在不同的经济周期下，缓解企业融资约束，指导企业进行营运资本管理的关键宏观调控工具。（3）营运资本的调整速度有助于解释在不同的经济周期下，宏观经济政策对微观企业经营的传导机制。

第 5 章

市场化进程、创新投资与营运资本的动态调整[①]

5.1 ———————— 引 言 ————————

5.1.1 研究背景

中共中央政治局 2016 年 12 月 9 日召开会议指出中国产能过剩和需求结构升级的矛盾仍然突出，一些领域金融风险显现。产能过剩是企业高负债、高存货，以及高应收账款的主要原因（董登新，2016）。凯恩斯在《货币论》[②]中指出："营运资本投资的波动与产出（固定资产投资）波动是紧密结合的，固定资产投资的扩张通常引发营运资本投资的同向增长，二者的相互作用甚至会产生一个累积扩张过程。"2007 年以来，中国各个行业的营运资本管理持续失控，到 2016 年深沪两市 932 家制造业企业资金周转效率正处在 15 年来最低水平：营运资本与收入之比升至 32.5%，为 2001 年以来新高，远超 22.5% 的全球平均水平（彭博，2016）。此外，2016 年半年报显示，上半年 A 股整体应收账款高达 3.53 万亿元，同比增

①第 5 章的部分内容引自吴娜，于博，王博梓. 市场化进程、创新投资与营运资本的动态调整 [J]. 会计研究，2017，（6）：82-88.

② KEYNES J M. The general theory of employment, Interest and money [M]. London: Macmillan, 1936.

长 17.7%，其中地产、化工、汽车、工业等增幅较大；整体存货高达 8 万亿元，同比增长 8.4%。由此可以看出，中国企业大量的资金以营运资本的形态沉淀，而驱动这些存量资本不仅是激发实体经济活力的重要环节，也是从微观视角强化资源配置效率，进而深化"供给侧"改革的必然要求。供给侧改革的实质是以市场化为导向、以市场所需供约束为标准的政府改革。制度变革、结构优化和要素升级（对应着改革、转型、创新）"三大发动机"是经济发展的根本动力。2016 年中共中央国务院印发《国家创新驱动发展战略纲要》指出"坚持双轮驱动、构建一个体系、推动六大转变"，构建新的发展动力系统。双轮驱动就是科技创新和体制机制创新两个轮子相互协调、持续发力。因此，如何通过市场化进程和创新投资治理产能过剩进而盘活企业的营运资本，是党和政府在"供给侧改革"过程中提出的重要设问。

5.1.2　研究意义

1）理论意义

87

（1）构建了市场化进程、创新投资与营运资本动态协同的理论逻辑框架

驱动营运资本的关键在于企业能否及时"修正"营运资本的非理性投资、使营运资本更快地向最优规模调整。然而，过度的固定资产投资（产能）会阻碍营运资本的调整速度①，因此，若想提升营运资本调整速度，首先需要修正产能扭曲，进而降低存货和应收账款等营运资本要素脱离最优水平的动力。在固定投资治理（产能治理）方面，现有文献认为：①市场化进程的不断提升可以改善信息质量（罗正英和贺妍，2015）、金融资源配置（谢云峰，2016）、法治环境（肖珉，2008）及政府干预（张杰等，2016），从而修正固定投资扭曲；②技术创新有助于竞争机制发挥外部治理效应（Griffith 和 Van Reenen，1995），创新过程提升了企业产品市场竞争力及转型升级能力，从而加快了产能治理（夏晓华等，2016；孙璞、尹小平，2016）。可见，市场化进程与技术创新对产能均具有治理作

---

① 凯恩斯在《货币论》中指出："营运资本投资的波动与产出（固定资产投资）波动是紧密结合的，固定资产投资的扩张通常引发营运资本投资的同向增长，二者的相互作用甚至会产生一个累积扩张过程。"

用。然而，二者对产能的影响能否进一步传导至营运资本的动态调整过程呢？若这一传导过程存在，那么两种因素的影响作用是正向协同互动还是反向协同互动呢？上述理论设问至今仍缺乏探索性研究。因此，本章构建了市场化进程、创新投资与营运资本动态调整"三者"之间的逻辑框架。

（2）丰富了基于"调整成本"的公司治理理论和营运资本动态调整理论

微观财务理论的核心分析框架并没有"创新"，原因之一在于它未能考虑到发明和创新活动的常规化（Baumol，2002）①。然而，科技的发展及产业的融合在不断推动创新的边界并导致企业研发投资成为一种更为稳定的"常态"，创新已经从"小玩意浪潮（Wave of Gadgets）"发展到今天的"颠覆性革命"。但遗憾的是，广义的公司治理理论至今仍欠缺对于"创新"行为这一"内部"治理机制的研究。现有公司治理理论大多着眼于信息不对称和"委托-代理"关系，如分析不同契约结构下的交易成本与代理成本，从而给出公司治理结构方面的对策分析。与上述逻辑不同，本章认为，除代理成本及交易成本外，企业生产经营的调整成本也是影响企业生存与发展的重要因素，创新投资对于调整成本的影响使得"创新投资"成为公司"治理"调整成本（而非代理成本）的重要内部机制，并与"市场化进程"这一治理"调整成本"的外部机制共同作用，对企业产能及营运资本投资形成影响。

基于此，本章以产能治理为媒介，检验"市场化进程"与"创新投资"对企业营运资本调整速度的影响，既拓展了营运资本动态调整理论的研究逻辑，也从调整成本视角拓展了广义的公司治理理论，尤其拓展了不同调整机制之间协同互动研究的边界；构建了市场化进程、创新投资与营运资本动态调整"三者"之间的逻辑关系，为研究营运资本调整过程中内、外部调节机制之间的协同互动关系提供了参考，并通过证明外部因素（市场化进程）与内部因素（创新投资）在调节营运资本存量规模方面是否存在"反向协同"效应，丰富了营运资本动态调整的影响因素研究。

2）实践意义

本章的实际应用价值体现为：

---

① BAUMOL, WILLIAM J. Towards microeconomics of innovations: Growth engine hallmark of market economics [J]. Atlantic Economic Journal, 2002, 30 (1): 1-12.

（1）以产能治理为媒介，为营运资本动态调整理论及其影响因素分析提供了来自市场化进程及创新投资方面的经验证据；对防止企业资金链的断裂和防范债务危机的发生具有重要的参考价值。

（2）为进一步探索推动企业创新投资的"市场化进程的推进路径"，通过顶层机制设计实现市场化进程和创新投资的"协同"效应；及时发现和治理市场化进程中出现的新的"寻租"机制，以具体的实施细则代替改革过程中的指导意见，真正降低交易成本，让市场化进程的推进工作落地；构建公平的竞争环境、破除垄断经济、完善私人产权保护机制，从而激励"长期"创新投资；进一步强化金融市场改革，通过完善多层次资本市场来降低企业创新融资成本、发挥金融市场在分散和降低创新投资风险方面的职能，更好地服务实体经济等方面提供了重要的经验证据，为理解存量资本盘活路径、反思和改善市场化进程提供了政策参考。

（3）在不同的市场化进程和创新投资下，为企业提供了基于产能治理的营运资本管理动态调整速度及方向的预测参考值。

（4）由于营运资本的调整速度可以直接反映中国企业受到的融资约束程度，也间接体现了信贷市场的摩擦程度，即各种原因造成的融资的难易程度，对衡量中国不同市场化进程和创新投资下的信贷市场摩擦水平具有一定的指示作用。

盘活营运资本的关键在于企业能否及时"修正"营运资本的非理性投资、使营运资本更快地向最优水平调整。然而，过度的固定资产投资（产能）会阻碍营运资本的调整速度，凯恩斯在《货币论》中指出："营运资本投资的波动与产出（固定资产投资）的波动是紧密结合的，固定资产投资的扩张通常引发营运资本投资的同向增长，二者的相互作用甚至会产生一个累积扩张过程。"因此，若想提高营运资本的调整速度，首先需要修正固定资产投资扭曲，进而降低存货及应收账款等营运资本要素脱离最优水平的动力。市场化进程与技术创新对产能过剩均具有调节作用。然而，两者能否通过优化企业固定资产投资来实现营运资本的优化，进而加速营运资本向最优水平的动态调整速度呢？若二者分别对调整速度存在正向影响，那么，二者对调整速度的"协同"影响是否也为正？上述理论设问至今仍缺乏探索性研究。

　　本章通过实证检验发现：①市场化进程与营运资本调整速度正相关。②创新投资与营运资本调整速度正相关。③市场化进程与创新投资对营运资本调整速度的协同影响效应为负，即市场化进程越低的地区，创新投资提升营运资本调整速度的能力越强。

　　本章的潜在贡献是：首先，以产能治理为媒介，检验了"市场化进程"与"创新投资"对企业营运资本调整速度的影响，拓展了二者与企业财务行为关系研究的边界；其次，构建了市场化进程、创新投资与营运资本动态调整"三者"之间的逻辑关系，为理解营运资本调整过程中内、外部调节机制之间的互动关系提供了参考，证明了外部因素（市场化进程）与内部因素（创新投资）对营运资本动态优化过程的联合影响，既丰富了营运资本动态调整速度的影响因素研究，也为理解存量资本盘活路径、反思和改善市场化进程提供了政策参考。

5.2 ———— 文献综述 ————

5.2.1　目标营运资本及其动态调整分析

　　本章中的营运资本是指流动资产与流动负债的差额，并将其按照王竹泉（2007）的分类分为经营性营运资本（包括：存货、应收账款、应收票据、预付账款、其他应收款、应付账款、应付票据、预收账款、应付职工薪酬、应付税费等）和理财性营运资本（包括：库存现金、应收利息、应收股利、有价证券或交易性金融资产、短期借款、应付股利、应付利息等）。目前，可以检索到的国内外有关营运资本动态调整的文献包括：Sonia Baños-Caballero（2010）通过实证检验得出企业的营运资本需求存在目标值，并认为企业会通过有效的营运资本管理使营运资本需求逐渐接近目标值。吴娜（2013）从经济周期、融资约束的角度对营运资本的动态调整进行研究后发现：企业存在目标营运资本需求，并且其受货币政策和财政政策的影响显著；在不同的经济周期下，不同融资约束企业的营运资本需求会以不同的速度向目标营运资本需求调整；张淑英（2015）认为宏

观经济形势的变化对企业的目标营运资金需求量有显著的影响。此外，王
满等（2016）从公司治理的视角对营运资本的动态调整进行了分析后发
现：当营运资本持有量达到一个目标值时会使得企业业绩最优，在企业营
运资本持有量向目标值调整的过程中，公司治理水平越高，营运资本持有
量的调整速度越快。陈克兢等（2015）从公司特征、公司治理和宏观环境
三个方面出发检验了上市公司营运资金的影响因素，探讨了上市公司营运
资金调整速度存在显著的区域差异，并分析了营运资金调整方向的趋势。
上述文献研究均表明营运资本存在动态收敛特征。

5.2.2　创新投资与营运资本管理

1）创新与营投资运资本

有关创新投资与营运资本（或其组成要素）之间的关系研究文献并不
多见。王竹泉、孙兰兰（2016）发现创新水平越高的企业，其最优商业信
用供给越少。孙婷婷、陈丁（2014）以欧洲国家的中小企业为样本，得出
创新和商业信用需求之间存在正相关关系。上述文献综合反映出，企业创
新水平越高，净商业信用投放越低。蒲文燕、张洪辉（2016）发现，上市
公司的技术创新投入和现金持有以及超额现金持有呈正比；杨卓尔
（2014）发现，企业原始创新能够促进企业竞争力的提升，这意味着创新
有助于提高企业市场竞争能力、加速产品销售及营运资本周转，进而加快
营运资本的调整速度。

2）营运资本与创新投资

Shin 和 Kim（2011）认为无形资产起着创新驱动器的作用，能给企业
价值带来乘数效应。目前已经检索到的与营运资本、创新投资相关的文献
主要集中在营运资本的各个组成部分和研发支出的相关性研究上，主要包
括：①现金流与研发支出。已有大量研究考察了现金流对研发支出的平滑
作用，并得出内部现金流与研发支出存在正相关关系。如 Hall（1992）认
为，披露 R&D 项目信息的成本使得企业选择内部资金，而不是外部负债
来进行 R&D 投资；Carter（2005）、Ughetto（2008）、Schroth 和 Szalay
（2010）发现，内部现金流是创新投资的重要融资来源，是创新投资决策
中重要的影响因素。Brown 和 Petersen（2011）发现易于发生财务波动的

企业普遍依靠现金持有来平滑研发支出。Shin 和 Kim（2011）研究发现，由于信息不对称的存在，中小企业偏好用更多的现金持有来资助研发投资。同时，比起研究阶段的研发，中小企业更偏好用现金持有来资助开发阶段的研发，在面临融资约束时企业更倾向用现金持有来平滑研发投资。Pedro（2014）研究了 1960—2008 年研发的产业和企业数据发现，无论企业在顺周期的经济增长期还是在逆周期的研发产出上，都存在较一致的研发平滑行为。此外，国内学者肖虹（2008）在研究研发投资决策与内源融资关系时，发现公司现金持有量对研发投资具有显著的解释力。唐清泉、徐欣（2010），孙晓华等（2015）的研究发现，内部资金和企业 R&D 投资正相关。吴淑娥等（2016）发现中国上市企业确实通过建立和利用现金持有来避免研发的剧烈变动，从而达到平滑研发的目的。黄振雷、吴淑娥（2014）指出当财务经历较大波动时，企业依赖现金持有来平滑研发。②商业信用与研发支出。肖海莲等（2014）认为商业信用与企业创新投资显著正相关。胡海青等（2015）认为利用商业信用融资可以缓解资金约束，提高科技型中小企业 R&D 投资力度，保证技术创新所需资金投入。李林红（2014）认为中国上市公司商业信用的使用促进了固定资产、无形资产和在建工程投资支出的增加。③营运资本与研发支出。鞠晓生等（2013）认为由于营运资本投资的调整成本低，在财务利润下降时，企业会减少营运资本投资或变现营运资本，将有限的资金配置到调整成本高的创新活动中，使企业在受到财务冲击时仍然保证创新投资的平稳持续。

5.2.3　市场化进程与营运资本管理

从市场化进程与营运资本静态分析看：Demirgüç-Kunt 和 Maksimovic（2002）发现，不同金融市场化水平及法律体系成熟水平的国家，企业商业信用投融资规模存在系统性差异；Pinkowitz、Stulz 和 Williamson（2003）在考虑了投资者保护、金融市场发育程度等制度因素后，发现投资者保护较弱国家的企业趋向于持有更多的现金；李洁（2013）发现市场化程度越高地区的公司，自由现金流的过度投资水平会越低；市场化程度对自由现金流的过度投资有抑制作用。杨兴全等（2012）发现管理层权力对现金持有的影响与企业所在地区的市场化进程相关，市场化进程能够抑制管理层利用权力持有大量现金进行过度投资的行为。郑军、林钟高、彭琳（2013）发现，在市场化进程较低地区，公司的下游谈判能力更弱，更有动机提供商业信用，而公司的上游谈判能力也增强，更可能获取商业信用。夏钰鸿（2014）发现：商业信用能抑制过度投资，并且非国有企业比国有企业的抑制作用更突出；高市场化程度地区比低市场化程度地区的抑制作用更突出。

从市场化进程与营运资本动态调整研究看：Ferreira 和 Vilela（2004）针对欧盟国家、Han 等（2007）对 1997—2002 年美国上市公司以及 Terue 等（2008）对 1996—2001 年西班牙 860 家中小企业等进行的相关研究也反映了市场成熟度对现金持有的动态调整速度具有显著影响。何青、方才（2013）发现市场化程度越高，现金持有的调整速度越快，同时，市场化程度越高，实际现金持有偏离目标现金持有的程度越低。钟海燕等（2014）实证检验了市场化改革是否以及如何影响国有企业的现金持有动态调整，并从预算软约束和薪酬管制两个角度讨论和检验了国有企业现金持有调整行为朝市场化方向演进的规律。彭志龙（1999）研究了市场化进程与存货的关系，认为市场化进程的加快有助于提升存货处置能力，从而缓解结构性供需不平衡。孙兰兰、王竹泉（2016）证明了商业信用存在向最优水平收敛的动态调整过程，且不同的市场议价能力对调整速度存在显著影响。

综合以上的文献，可以看出鲜有文献从调整成本视角以产能治理为媒介，检验"市场化进程/创新投资"→"调节产能"→"调节营运资本"的传导逻辑，并以此构建市场化进程、创新投资与营运资本动态调整之间的关系，该方面的研究至今尚缺乏相应的理论支持。国内外学者对于营运资本动态调整的研究路径必然经历从以往的静态的内生性因素分析发展到基于行业异质性的宏微观相结合的动态分析（包含经济周期、宏观经济政策与公司内部治理因素），并进一步扩展至包含制度环境、内外部治理因素、行为因素与微观因素相结合的动态协同分析过程。

5.2.4　现有研究的不足

基于对现有国内外文献进行梳理后发现，虽然已有的文献在营运资本动态调整方面已取得了一些成果，但是仍存在以下不足：

第一，缺少将营运资本作为整体财务策略进行动态考察并分析其调整速度的影响因素的文献；第二，鲜有文献以固定资产投资这一影响营运资本投资的重要因素为媒介探索市场化进程和创新投资如何通过调节固定资产投资、提高固定投资效率从而优化营运资本管理的微观逻辑；第三，鲜有文献探索市场化进程（外部因素）与创新投资（内部因素）对营运资本调整速度的协同（联合）影响。

5.3   逻辑构建与研究假设

5.3.1   基于产能治理视角的营运资本治理逻辑

现有文献大多侧重市场化进程与技术创新对某个营运资本构成要素的影响，而本章将营运资本作为统一的整体进行研究，并从整体上构建市场化进程与技术创新影响营运资本的逻辑与路径。从文献上看，产能膨胀（扭曲）会驱动存货与商业信用的同步膨胀（扭曲）。首先，产能膨胀会引发存货积压。林发彬（2010）指出产能过剩会导致存货投资被动增加，而两种投资的扭曲会对整个经济产生向下的拉动作用；陈之荣和赵定涛（2010）证明了存货周期与产出周期存在显著的正相关关系，产出增长驱动了存货的攀升，易纲和吴任昊（2010）则进一步指出二者的波动结构在时间上也高度契合。其次，存货积压又会进一步引发商业信用膨胀。存货压力的上升会导致企业加大商业信用供给规模以实现促销（Emery，1987）和价格歧视（Mian 和 Smith，1992），使销售过程在很大的程度上更依赖赊销，并由此带来商业信用投资的扭曲，即去库存、去杠杆、降风险都是"化解产能过剩"的根本驱动因素（马建堂等，2016；李俊峰等，2016）。

从数据特征上看，固定资产投资、商业信用与存货表现出显著的同步运行特征（如图5-1所示）。

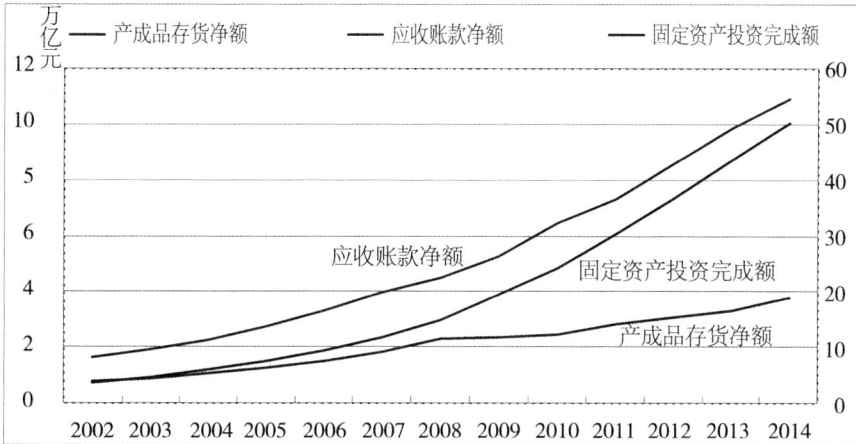

图 5-1　工业企业固定资产投资、存货与应收账款的运行特征

图 5-1 表明，固定资产投资与应收账款和存货存在较明确的同步特征，产能膨胀驱动营运资本攀升的逻辑和现实数据特征并不矛盾，产能治理是营运资本治理的重要前导因素。

然而，哪些因素能够优化产能治理进而影响企业营运资本的动态调整速度呢？具体分析如下：

5.3.2　创新投资对产能治理及营运资本调整速度的影响

创新投资是改善调整成本摩擦的重要手段。附加调整成本的新古典投资理论认为：调整成本的存在延缓了企业固定资产投资按最优资本积累模型调整的速度、派生了企业的非理性投资，即现实生产过程中，企业无法按照最优路径及时调整固定资产投资，最优投资规模的调整过程受到了调整成本的影响。该影响如模型（5-1）所示[①]：

$$I_t / K_t = (1/\alpha)(E_t\{\Lambda_t\} - P_t^!) + \mu_t \qquad (5-1)$$

在模型（5-1）中：μ_t 表示技术冲击。边际收益 $E_t\{\Lambda_t\}$ 和资本边际成本 $P_t^!$ 之间的差异会激励企业调整资本存量。然而，该调整过程会受到调整成本函数的调节，调整成本函数越陡峭，则 α 的值越大，固定资产投资的治理速度越缓慢。

---

① 附加调整成本的新古典投资分析及本节模型（5-1）的推导，可参见经典性文献：Chirinko（1993）。

假设企业处于高度竞争的产品市场环境中，且面临较严峻的新技术和新产品冲击，此时，传统技术与产品在新技术、新产品冲击下，其边际产品收益 $E_t\{\Lambda_t\}$ 会不断降低，从而引发 $E_t\{\Lambda_t\}-P_t^I$ 不断下降。为了使生产最优化，企业应降低固定投资 I，然而，由于存在调整成本 α，这一调整过程无法充分实现，且 α 越高，调整过程越不充分，越会导致大量的非理性投资无法退出。此时，治理过度投资的唯一路径就是通过提高 $E_t\{\Lambda_t\}-P_t^I$ 提升企业最优投资规模，即在假定 P_t^I 稳定不变的条件下，必须提高边际产品收益 $E_t\{\Lambda_t\}$，而技术创新为实现这一目标提供了重要途径。因为根据现有文献，技术创新既可以通过影响生产率（Musolesi 和 Huiban，2010）来降低企业成本，也可以通过影响企业市场占有率来增加企业垄断租金、提高企业成本加成，进而影响企业利润（刘啟仁和黄建忠，2016）。上述两种影响均会提高 $E_t\{\Lambda_t\}$，进而修正因过度投资无法及时退出而引发的产能过剩。为验证上述逻辑的合理性，本章对不同创新投资水平下的企业营运资本进行了方差分析。表5-3（Panel A）结果显示："高创新投资类"企业的营运资本均值比"低创新投资类"企业低25%，为高创新投资企业营运资本调整速度更快、非效率投资更低提供了直接的数据支持。换句话说，与低创新投资企业相比，高创新投资企业的营运资本调整能力应更强、调整速度更快，即存在如下假设：

假设1：高创新投资企业的营运资本动态调整速度更快。

5.3.3 市场化进程对产能治理与营运资本调整速度的影响

市场化进程是一系列经济、社会、政治乃至法律体系的综合量度。市场化进程主要通过影响信息不对称水平、金融中介质量和金融扭曲、法治监督力度、政府干预强度等微观机制影响企业资金成本、交易成本、融资约束和投资效率，进而影响企业的固定资产投资（如 Wang et al.（2014）、修宗峰和黄健柏（2013）、谢云峰（2016）和张杰等（2016）），并通过固定资产投资进一步传导至营运资本投资，市场化进程对于修正产能扭曲、调节营运资本具有重要意义（Wang et al.（2014）、修宗峰和黄健柏（2013）、谢云峰（2016）和张杰等（2016））。

综上所述，市场化进程通过优化产能治理来影响营运资本调整速度的机理如下：（1）市场化进程越高，非市场化机制对资源配置的扭曲效应越低。产能治理的外部摩擦更小，治理成本更低，在高市场化进程下，营运资本随产能修正过程向最优水平调整的特征更强、调整速度更快。（2）在低市场化进程地区，企业会面临更高的资金成本和交易成本，其陷入财务困境的不确定性更高，因此，企业会更加倾向于持有更多的营运资本来避免流动性危机，从而弱化了企业营运资本向最优水平调整的意愿，降低了调整速度。（3）在市场化进程欠发达地区，信息不对称程度通常更高，不利于企业实现产品的市场对接和构建"适销对路"的生产销售体系，从而恶化了企业营运资本的周转，降低了营运资本向最优水平调整的速度，使更多的资本以"存量"的形态沉淀，降低了资金运行效率。

为验证这一预期，对不同市场化进程下的企业营运资本进行了方差分析。表 5-3 结果显示"高市场化进程"企业的营运资本均值比"低市场化进程"企业低 36%，与高市场化进程下企业营运资本调整速度更快、非效率投资更低相吻合。

基于上述分析，提出以下假设：

假设 2：市场化进程与营运资本的调整速度呈正相关关系。

5.3.4　市场化进程、创新投资影响营运资本动态调整的互动关系分析

市场化进程和创新投资是影响营运资本动态调整的重要外部和内部因素，那么两种调节机制之间具有怎样的互动关系呢？（1）在低市场化进程下，企业能否更大程度地通过创新投资来加速营运资本调整，从而弥补市场化进程的不足？（2）在高市场化进程下，创新投资对营运资本调整速度的影响究竟是被强化还是被弱化？

就第一个问题而言，低市场化进程既不利于鼓励企业从事长期研发投资，也不利于降低和分散企业研发活动的投资风险和交易成本，但是具有创新优势的企业却可以借助更高的垄断保护水平快速占据市场竞争优势，即低市场化进程对于具有较高创新能力的企业构成了一种"引入激励"（赵子夜，2016）。就第二个问题而言，高市场化进程虽然可以通过激励长期创新、分散研发投资风险和交易成本为创新投资提供良好的外部环境，

但是创新投资并不多。因为"是否"创新的关键不是取决于创新风险的大小①，而是取决于是否有足够的"激励"（King 和 Levine，1993）。虽然高市场化进程提供了更好的法治环境和私有产权保护，但是其"创新竞争"水平更高，导致大量的次优性创新产品的生产企业被排斥在生产竞争之外，最终只有最优产品进入生产环节。因此，高市场化进程使创新竞争加剧，更多的创新企业因担心"创造性毁灭"而转向改进型创新。创新导向的转变使高市场化进程下的创新企业具有更为稳健的创新投资水平。

表5-3（Panel E）对不同市场化进程下的创新投资进行了方差分析，发现"低市场化进程组"的创新投资显著高于"高市场化进程组"，为以上逻辑分析提供了数据支持。

综上所述，在低市场化进程下，企业为了在创新竞争市场获得"排他性"优势，会呈现出更强的创新投资意愿；而在高市场化进程下，产品竞争的加剧以及分工协作的完善，使得企业对高额创新投入更为谨慎，会采取"改进型"创新策略，从而在总体上呈现出较低的创新投资水平。由于存在"创新投资越低→产能升级与落后产能治理能力越弱→建立产品优势、加速资金周转、提高营运资本调整速度的能力越差"，因此上述逻辑分析表明高市场化进程下，创新投资对营运资本调整速度的提升作用很可能相对较弱，即存在如下假设：

假设3a：在低市场化进程下，创新投资对营运资本调整速度的提升作用比高市场化进程下更强。

若假设3a成立，即低市场化进程下的创新投资带来更快的营运资本调整速度，说明在低市场化进程下，创新投资对营运资本投资效率的提升作用更强，因为 Baños-Caballero et al.（2013）认为营运资本存在最优水平，过低的营运资本持有水平对企业流动性循环和短期债务能力构成威胁，而过度的营运资本持有水平意味着大量的资本以"存量"形态沉淀，从而弱化了资本的运行效率。营运资本的动态调整过程是向最优水平调整，最优代表着营运资本在该点的投资效率是最高的，偏离该最优点都是非效率的。因此，营运资本更快地向最优点进行调整意味着营运资本投资

---

① Dasgupta 和 Stiglitz（1980）证实了"专利竞赛"加剧了创新的风险，那些实现了次优创新的研发投入在"赢家通吃"的创新竞争规则下无法得到任何市场回报，然而，风险的不断强化并未降低"竞赛"强度。

效率更快的提升。同理，在高市场化进程下，创新投资对营运资本投资效率的提升作用应该相对较弱，即存在如下伴随性假设：

假设 3b：在低市场化进程下，创新投资对营运资本投资效率的提升作用比高市场化进程下更强。

5.4　　　　　　　　　　研究设计

5.4.1　样本

基于国泰安数据库，本章以 1999—2013 年深、沪 A 股制造业上市企业为研究样本，剔除了数据不全的公司、金融保险业公司与 ST、PT 公司，最终得到由 293 家企业 15 个年度构成的平衡面板数据（总样本共 4 395 个）。考虑到离群值对回归估计的影响，对所有连续变量进行了正负 1% 的 Winsorize 缩尾处理。

5.4.2　变量定义

变量定义见表 5-1。

表 5-1　　　　　　　　　　　变量定义

变量名称	符号	定义
营运资本需求	WCR	WCR=（应收账款+应收票据+其他应收款+预付账款+存货）-（应付票据+应付账款+预收账款+应付职工薪酬+应交税费+其他应付款）/总资产
市场化进程	MARKET	参照樊纲、王小鲁和朱恒鹏《中国市场化指数——各地区市场化相对进程 2011 年报告》，2012—2013 年数据根据采取上年指数加上前 3 年指数增加值的平均数的方法确定（杨兴全和曾春华，2012）
创新投资	INNOV	无形资产/总资产
固定资产投资	FA	固定资产/总资产
现金流量	CFLOW	经营活动现金流量/总资产
盈利能力	PRO	总资产净利润率
	RE	留存收益/总资产
	REVN	息税前利润/营业收入
成长性	GTH	总资产增长率
公司规模	SIZE	LN营业收入
融资成本	FCOST	财务费用/负债-应付账款

5.4.3　模型设定

本章以 Baños-Caballero et al.（2013）目标营运资本需求模型为基础，将目标营运资本需求模型设定为：

$$WCR_{it}^{*}=\beta_0+\beta_1FA_{it-1}+\beta_2CFLOW_{it}+\beta_3PRO_{it}+\beta_4RE_{it}+\beta_5REVN_{it}+\beta_6GTH_{it}+\beta_7SIZE_{it}+$$

$$\beta_8FCOST_{it}+\beta_8DOWNTURN_{it}+u_i+\varepsilon_{it} \tag{5-2}$$

现有研究不仅证明了固定资产投资会影响营运资本，也证明了在融资约束条件下营运资本对固定资产投资存在一定的"平滑"效应（Fazzari 和 Petersen，1993；于博，2014）。为避免二者之间潜在的内生性，模型（5-2）对固定资产投资进行了滞后一期处理。考虑到经济危机导致的宏观经济下行期影响始终存在，全球经济仍然处于弱复苏状态（李杨，2015），引入 DOWNTURN 作为经济周期下行期的控制变量（1999—2006，DOWNTURN=0；2007—2013，DOWNTURN=1）。为控制不可观测的个体异质性，模型引入 u_i，即采用面板数据变截距回归。

对营运资本需求动态调整模型的构建使用局部调整模型，其模型形式为：

$$WCR_{it} - WCR_{it-1} = \lambda（WCR_{it}^{*} - WCR_{it-1}）+\varepsilon_{it} \tag{5-3}$$

式中，WCR_{it} 和 WCR_{it-1} 分别表示第 i 家公司在 t 年和 t-1 年的营运资本需求，WCR_{it}^{*} 表示第 i 家公司在第 t 年的目标营运资本需求，用于衡量该行业内公司的目标营运资本需求。调整速度由调整系数 λ（$0\leqslant\lambda\leqslant1$）决定。如果 $\lambda=0$，表示公司基本不进行调整；如果 $\lambda=1$，表示公司的调整比较积极，可以在当期调整到目标营运资本需求水平。

通过对模型（5-3）进行变换，并加入反映个体效应和时间效应的虚拟变量 α_i 和 ν_t，可得到如下动态面板数据模型：

$$WCR_{it} = （1-\lambda）WCR_{it-1} + \lambda WCR_{it}^{*} + \alpha_i + \nu_t + \varepsilon_{it} \tag{5-4}$$

为了考察创新投资对营运资本调整速度的影响，借鉴姜付秀和黄继承（2011）对资本结构动态调整速度的分析方法，在模型（5-4）右边加入了创新投资 $INNO_{it-1}$ 以及创新投资与营运资本需求的交互项 $INNO_{it-1}\times WCR_{it-1}$，即得到扩展模型（5-5）：

$$WCR_{it} = （1-\lambda）WCR_{it-1} + \lambda WCR_{it}^{*} + \sigma INNO_{it-1} + \tau INNO_{it-1}\times WCR_{it-1} + \alpha_i + \nu_t + \varepsilon_{it} \tag{5-5}$$

此时，营运资本需求的调整速度为 $\lambda' = \lambda - \tau INNO_{it-1}$，如果交叉项系数 τ 显著为正，说明营运资本需求的调整速度会随着创新投资的提高而降低；相反，如果 τ 显著为负，说明随着创新投资的提高，营运资本需求调整速度会显著提高，即假设1成立。

同理，为考察不同市场化进程对营运资本调整速度的影响，参照樊纲等（2011）的研究，得到有关市场化进程数据，并在模型（5-4）的右边加入了市场化进程 $MARKET_{it-1}$ 以及市场化进程与营运资本需求的交互项 $MARKET_{it-1} \times WCR_{it-1}$，进而得到扩展模型（5-6）：

$$WCR_{it} = (1-\lambda)WCR_{it-1} + \lambda WCR_{it}^* + \gamma MARKET_{it-1} + \eta MARKET_{it-1} \times WCR_{it-1} + \alpha_i + u_i + \varepsilon_{it} \quad (5-6)$$

此时，营运资本需求的调整速度为 $\lambda' = \lambda - \eta MARKET_{it-1}$，如果交叉项系数 η 显著为负，说明营运资本调整速度会随着市场化进程的提高而上升，即假设2成立。

为了考察不同市场化进程下创新投资对营运资本需求调整速度的影响（假设3），本章首先按市场化进程将样本分为高、低两组，并在模型（5-5）的基础上对分组后的样本分别进行回归，以比较在不同市场化进程下的创新投资对营运资本调整速度是否存在差异。若假设3a成立，则低市场化进程组 $INNO_{it-1} \times WCR_{it-1}$ 的系数 τ 为负，且 $|\tau|$ 大于高市场化进程组。

模型（5-2）~（5-6）的右边均包含了被解释变量的一阶滞后项 WCR_{it-1}，为了克服内生性问题，采用 Arellano 和 Bover（1995）提出的"系统GMM"法获得参数估计值。

为验证假设3b，进一步从"静态"视角引入营运资本投资效率分析模型：

$$\Delta WCR_{it} = \beta_0 + \beta_1 GTH_{it} + \beta_2 CFLOW_{it} + \beta_3 FA_{it} + \beta_4 SIZE_{it} + \beta_5 FCOST_{it} + \beta_6 INNO_{it-1} \times GTH_{it} + u_i + \varepsilon_{it}$$

$$(5-7)$$

式中，因变量 ΔWCR 为营运资本的年度增量，用于表示企业当期"营运资本投资"。等号右侧表明营运资本投资取决于企业成长性（GTH）、现金流水平（CFLOW）、固定资产投资水平（FA）、企业规模（SIZE）和融资成本（FCOST）。

在模型（5-7）中，β_1 代表了"营运资本"对"企业成长性"的敏感度。预期 β_1 为正，即营运资本投资会随着成长性的提高而上升。正如

"固定资产投资−成长性"敏感度用于衡量企业固定资产投资效率一样（靳庆鲁等，2012），"营运资本投资−成长性"敏感度也是衡量企业营运资本投资效率的重要参考。敏感性水平越高（即 β_1 越高），说明营运资本投资对成长性的波动越敏感，越能根据成长性水平做出充分调整、投资越有效。

在模型（5−7）中，β_6 表示创新投资对营运资本投资效率的影响作用。若假设 3b 成立，应存在：低市场化进程下的 β_6 大于高市场化进程下的 β_6，即替代效应的存在使得市场化进程低的地区，创新投资对营运资本投资效率的提升作用更突出。

考虑到固定资产投资（FA）与营运资本投资之间潜在的内生性问题，采用二阶段最小二乘法（IV/2SLS）估计模型（5−7），其中，FA 的工具变量设为滞后一期的现金流（L.CFLOW）、盈利水平（L.PRO）及成长性（L.GTH）。

5.4.4　描述性统计

对研究样本的主要变量进行描述性统计分析，结果见表5−2。

表5−2　　　　　　　　　　　　描述性统计

	均值	中位数	最大值	最小值	标准差
WCR	0.186378	0.166290	7.121276	−1.226344	0.246186
MARKET	7.312759	7.230000	14.50000	1.490000	2.507535
INNO	0.042186	0.027970	0.571064	0.000000	0.049234
FA	0.299103	0.275702	0.861646	0.000000	0.149517
CFLOW	0.119014	0.091978	9.330380	−3.53639	0.237153
PRO	0.025915	0.030511	2.163471	−6.337651	0.150182
RE	0.036751	0.097883	0.804070	−20.83644	0.538800
REVN	−0.037701	0.058514	34.26989	−342.1907	5.133110
GTH	0.170302	0.082381	54.03605	−0.990678	1.081813
SIZE	20.95644	20.85618	27.05716	13.13783	1.447421
FCOST	0.023521	0.029224	1.380453	−2.711679	0.069895

在表5−2中，WCR 的均值（中位数）为 0.186378（0.166290），表明中国制造业上市公司的营运资本需求比重还比较高。WCR 的标准差为 0.246186，标准差较大说明 WCR 分布比较分散。市场化进程及其变化是考察的关键变量，从表5−2中可以看出，市场化程度 MARKET 的均值（中

位数）为 7.312759（7.23），最大值（14.5）与最小值（1.49）之间差距较大，说明总体上样本公司所在地的市场化程度差异较大，发展水平并不同步，为分析不同市场化进程下的创新投资对营运资本调整速度影响的差异提供了比较分析的空间。创新投入 INNO 的均值（中位数）为 0.042186（0.027970），最大值（0.571064）远远超过均值水平，说明总体上看样本公司创新投资意愿和强度存在较大差异。

5.4.5　方差分析

对研究样本的主要变量进行描方差分析，结果见表5-3。

表5-3 **方差分析**

Panel A	低创新投资组	高创新投资组	Difference
WCR	0.1923	0.1441	−0.0482***
Panel B	低市场化进程组	高市场化进程组	Difference
WCR	0.2131	0.1371	−0.0760***
Panel C	低现金流组	高现金流组	Difference
WCR	0.2230	0.1125	−0.1105***
Panel D	低盈利能力组	高盈利能力组	Difference
WCR	0.2024	0.1542	−0.0482***
Panel E	低市场化进程组	高市场化进程组	Difference
INNO	0.0460	0.0407	−0.0053***

根据表5-3可知：（1）Panel A 说明，创新投资水平越高，营运资本需求越低，与本章对创新投资能够改善营运资本投资效率，降低资金以营运资本这一"存量"形态沉淀的理论预期相符，并为创新投资调节营运资本调整速度、提升营运资本投资效率提供了数据支持；（2）Panel B 表明，市场化进程越高，营运资本需求越低，与本章对市场化进程作为外部调节机制能够加速营运资本调整过程、提高营运资本投资效率的理论预期提供了支持；（3）Panel C 和 Panel D 表明，现金流循环能力越强以及盈利能力越高的企业，均呈现出更低的营运资本需求特征，说明越是盈利能力和现金循环能力强的企业，其营运资本持有规模相对越低，即优质企业的营运资本非理性投资更少、投资效率更高。该结果说明，越是盈利能力差、现金循环能力弱的企业，越可能由于缺乏创新投资下的调节效应而存在营运资本过度投资现象；（4）与高市场化进程组相比，低市场化进程组的创新投资水平相对更高，为低市场化进程下创新投资对营运资本调整速度的影响较强（假设3a）提供了支持。

5.5 ——————————— 回归结果 ———————————

5.5.1 假设1和假设2的实证结果与分析

市场化进程、创新投资对营运资本动态调整速度的影响分析，见表5-4。

表5-4 市场化进程、创新投资对营运资本动态调整速度的影响分析

Independent Variables	WCR		
WCR_{-1}	0.6293*** (113.95)	0.6668*** (95.47)	1.3239*** (41.61)
$INNO_{-1} \times WCR_{-1}$		−1.3627*** (−16.25)	
$INNO_{-1}$		−0.0955** (−2.40)	
$MARKET_{-1} \times WCR_{-1}$			−0.1118*** (−29.33)
$MARKET_{-1}$			0.0014 (0.58)
FA_{-1}	0.0372** (2.05)	0.0468*** (2.57)	0.0514*** (2.85)
CFLOW	−0.4199*** (−102.95)	−0.4326*** (−96.33)	−0.3479*** (−86.44)
PRO	0.1341*** (18.72)	0.1102*** (12.94)	0.2560*** (33.67)
RE	−0.1208*** (−57.49)	−0.1089*** (−40.65)	−0.2596*** (−83.33)
REVN	−2.41e−06 (−0.01)	0.0003 (0.90)	−0.0014*** (−15.76)
GTH	0.0043*** (3.32)	0.0038*** (2.87)	0.0012 (0.98)
SIZE	0.0257*** (8.71)	0.0248*** (8.54)	0.0763*** (16.54)
FCOST	0.0110 (0.38)	0.0240 (0.73)	−0.0465* (−1.71)
DOWNTURN	−0.0699*** (−15.39)	−0.0689 (−14.70)	−0.0752*** (−14.06)
Cons	−0.4158*** (−7.09)	−0.3942*** (−6.80)	−1.4938*** (−17.03)
Wald Test	92 675***	103 591***	51 354***
Hansen P值	0.1392	0.2102	0.1655
AR (1)	−3.0609***	−2.9541***	−3.7661***
AR (2)	0.3277	0.4740	0.3129
观察值个数	4 102	4 102	4 102

注：本表采用TWO-STEP SYS-GMM估计法进行估计，括号内为Z值；Hansen J统计量渐进服从χ^2分布，其P值越大，表明错误拒绝虚拟假设的可能性越大，即工具变量集不存在过度识别；AR（1）和AR（2）分别检验残差差分的一阶和二阶序列相关性，二者渐进服从标准正态分布，结果满足一阶序列负相关，二阶序列不相关特征。

由表5-4可知：（1）第1列显示 WCR$_{-1}$ 的系数为0.6293，其调整速度 λ=1-0.6293=0.3707，说明从总体上看，营运资本需求呈现调整特征，但调整速度较慢；（2）第2列显示，INNO$_{-1}$×WCR$_{-1}$ 的系数 τ 显著为负，由于调整速度为 λ'=λ-τINNO$_{it-1}$，说明上一期创新投资水平（INNO）越高，调整速度越快，即假设1成立；（3）第3列显示，MARKET$_{-1}$×WCR$_{-1}$ 的回归系数 η 显著为负，由于调整速度为 λ'=λ-ηMARKET$_{it-1}$，说明市场化程度越高，营运资本的调整速度越快，即假设2成立。

5.5.2　假设3a和假设3b的实证结果与分析

1）对假设3a的实证检验

不同市场化进程下创新投资对营运资本调整速度的差异性影响，见表5-5。

表5-5　不同市场化进程下创新投资对营运资本调整速度的差异性影响

Independent Variables	WCR	
	低市场化进程组	高市场化进程组
WCR$_{-1}$	0.4724*** (74.02)	0.5452*** (197.70)
INNO$_{-1}$×WCR$_{-1}$	-0.9897*** (-23.87)	-0.1424*** (-4.19)
INNO$_{-1}$	-0.0981*** (-3.78)	-0.1419*** (-8.73)
FA$_{-1}$	0.0921** (6.82)	0.1723*** (16.05)
CFLOW	-0.2484*** (-43.12)	-0.4604*** (-265.23)
PRO	0.0976*** (11.22)	-0.1608*** (-36.82)
RE	0.1978*** (40.67)	-0.1562*** (-156.89)
REVN	-0.0116*** (-9.10)	0.0012*** (10.73)
GTH	0.0078*** (6.70)	0.0062*** (18.10)
SIZE	-0.0602*** (-27.41)	-0.0291*** (-16.13)
FCOST	0.1511*** (3.40)	0.0169 (0.90)
_Cons	1.3363*** (28.82)	0.7068*** (19.39)
Wald Test	34 279***	1.87e+06***
Hansen（P值）	109.64（0.3088）	112.98（0.2357）
AR（1）	-4.6565***（Prob>Z=0.0000）	-2.0747***（Prob>Z=0.038）
AR（2）	-0.2623（Prob>Z=0.7931）	1.0446（Prob>Z=0.2962）
观察值个数	2 100	2 002

表5-5第1列中，$INNO_{-1} \times WCR_{-1}$的系数$\tau$显著为负，且明显低于第二列对应系数值（-0.1424）。由于调整速度为$\lambda' = \lambda - \tau INNO_{it-1}$，该结果说明，低市场化进程组的创新投资对营运资本需求调整速度的提升效应更大，高市场化进程下创新投资对营运资本调整速度的影响相对弱化，该结果与假设3a的理论预期一致，即低市场化进程下，企业获得"排他性"创新投资收益的"激励"更高，因此，创新投资水平更高，由此引发的产能治理以及营运资本调整能力也更强；相反，在高市场化进程下，参与"生产竞争"的难度更大、风险更高，广泛的分工与协作使企业转向"改进型"创新，从而使创新行为对产能治理以及营运资本调整能力的提升作用相对降低。

2）对假设3b的实证检验

不同市场化进程下创新投资对营运资本投资效率的差异化影响，见表5-6。

表5-6　不同市场化进程下创新投资对营运资本投资效率的差异化影响

Independent Variables	△WCR （随机效应）	
	低市场化进程组	高市场化进程组
GTH	0.0109** （2.38）	0.0043 （1.27）
$INNO_{-1} \times GTH$	0.1702** （2.13）	0.0410 （0.46）
FA	0.8832*** （7.30）	0.9742*** （7.10）
CFLOW	-0.3637*** （-10.91）	-0.6386*** （-24.43）
SIZE	-0.0049* （1.79）	0.0118*** （3.79）
FCOST	-0.9876*** （-5.76）	-0.1082** （-2.34）
Cons	-0.3314*** （-5.90）	-0.4622*** （-5.92）
Hansen J （P值）	3.558 （0.1686）	4.267 （0.1183）
Wald Test	145***	1071***
R-squared	0.0416	0.4331
观察值	2 100	2 002

注：估计方法为二阶段最小二乘法（IV/2SLS），FA的工具变量设为滞后一期的现金流（L.CFLOW）、盈利水平（L.PRO）和成长性（L.GTH）。Hausman检验表明应接受原假设，即应采用随机效应估计。

根据表5-6可知：（1）第1列（低市场化进程组）中，INNO$_{-1}$×GTH 的系数显著为正，说明上一期的创新投资越高，营运资本投资对成长性的敏感度越高，创新投资越有助于提升营运资本投资对成长机会的反应能力，从而提高营运资本投资效率，该结果与表5-5中采用动态模型发现创新投资对营运资本向最优水平调整的速度具有促进作用的逻辑预期相一致；（2）第2列（高市场化进程组）中，INNO$_{-1}$×GTH 的系数虽然为正，但是并不显著，说明高市场化进程下，创新投资对营运资本投资效率的影响不显著，与动态模型中发现高市场化进程下创新投资对营运资本调整速度具有较低的提升作用相一致；（3）低市场化进程下的交叉项系数（0.1702）大于高市场化进程下的交叉项系数（0.0410），再次表明低市场化进程下，企业获得"排他性"创新投资收益的"激励"更高，因此，创新投资引发的产能治理以及营运资本调整能力更强，进而使营运资本投资效率在更大程度上得到提升；与此相反，在高市场化进程下，参与"生产竞争"的难度更大、风险更高，广泛的分工与协作使企业转向"改进型"创新，此时，创新投资对产能治理与营运资本调整速度的提升作用弱化，因此，创新投资对营运资本投资效率的提升作用被弱化，该结果与假设3b预期一致。

5.6　　进一步分析

将创新投资纳入营运资本动态调整分析是本章的研究尝试，虽然主检验证明了其影响作用存在，但是缺乏对其传导路径的进一步验证。如果创新投资通过优化固定资产投资进而优化营运资本的传导逻辑存在，那么创新投资应对企业固定资产投资效率具有改善作用。相关检验如下（见表5-7）：

在表5-7中，因变量为根据Richardson（2006）计算的非效率投资，其中，正、负残差项分别代表过度投资与投资不足，本章对负残差进行了绝对值处理，因此残差越高，非理性投资越多。

表5-7 创新投资影响营运资本调整的传导路径分析

Independent Variables	非效率投资（GMM-Two Step）		
	全样本	过度投资组	投资不足组
INNO₋₁	−0.2271***	−0.4100***	−0.1547***
	(−5.37)	(−4.83)	(−4.76)
△WCR	0.1982***	0.3156***	−0.0102
	(3.69)	(2.79)	(−0.97)
CFLOW	0.1291***	0.1583***	−0.0139***
	(4.61)	(6.94)	(−7.10)
GTH	0.0008	0.0006***	0.0071**
	(0.57)	(0.42)	(2.46)
SIZE	−0.0005	−0.0117**	0.0074***
	(−0.19)	(−2.45)	(3.49)
FCOST	0.0412*	0.3273***	−0.0462*
	(1.68)	(3.46)	(−1.87)
MARKET	0.0068***	0.0053***	0.0074***
	(6.49)	(2.65)	(7.50)
Fix Effects	Included	Included	Included
Hansen J（P值）	1.260 （0.5327）	1.705 （0.4263）	3.829 （0.1473）
Wald Test	18.49***	14.49***	29.24***
Centered R²	−0.079	−0.1750	0.1444
观察值	4 072	2 026	2 044

注：估计方法为GMM（Two-Step），因为营运资本增量（△WCR）与固定资产投资存在内生性，参考Fazzari和Petersen（1993），将△WCR的工具变量设为期初现金流、期初销售增长率（L.PRO）以及营运资本期初存量（L.WCR）；Hausman检验表明拒绝原假设，应采用固定效应估计。

表5-7表明：（1）INNO的回归系数在各列下均为负，说明创新投资的提高有助于降低固定资产的非效率投资，并且从分组比较来看，创新投资对于过度投资企业的非效率调节能力更高；（2）营运资本增量（△WCR）与非理性固定资产投资具有正相关特征，与凯恩斯认为二者之间存在一个正的累积扩张过程相吻合，表明创新投资与市场化进程对固定资产投资的治理会通过一个正效应传递至营运资本，从而加速营运资本的调整速度。

5.7 ———————————稳健性检验———————————

对本书的研究结论进行了稳健性检验：（1）现金周转期（CCC）、营运资本周转期（DWC）代替 WCR 进行回归分析，发现本书的研究结论未发生实质性改变。（2）使用金融业市场化指数替代市场化进程指数，经过实证检验发现，研究的主要结论未发生实质性改变。

5.8 ———————————结　　论———————————

本章的研究意义在于：（1）微观财务理论的核心分析框架并没有"创新"，原因之一在于它未能考虑到发明和创新活动的常规化（Baumol，2016）。然而，科技的发展以及产业的融合在不断推动创新的边界，并导致企业研发投资成为一种更为稳定的"常态"。遗憾的是，营运资本理论至今仍欠缺对于"创新"行为这一"内生"调节机制的研究。考虑到"创新"是公司"化解"调整成本的重要途径，与"市场化进程"这一外部治理机制共同作用，对企业固定资产投资及营运资本投资形成影响，因此，本章构建了市场化进程与创新投资对营运资本调整速度的影响分析，拓展了营运资本动态调整理论的研究逻辑和实证边界。（2）对市场化进程与技术创新协同影响营运资本的逻辑进行了构建，从引入激励和创新投资两个角度解释了协同效应为负的逻辑现实，为优化创新激励制度的设计提供了来自市场化进程视角的反思。

第 6 章

研究总结与政策建议

6.1 ———————————— 研究总结 ————————————

    本书基于管理资产负债表视角下的营运资本理论、权变理论、融资约束理论、经营性动机理论、经济周期理论、融资优序理论和委托-代理理论，从宏观经济因素的视角对营运资本管理的协同选择进行了静态和动态两个方面的研究。首先，本书通过第3章基于中国各个行业上市公司2000—2016年面板数据，对宏观经济政策与营运资本的行业异质性分析后发现，中国上市公司各个行业的营运资本需求随经济周期的波动呈现出规律性波动；通过对其进行 Kruskal-Wallis H 和 LSD 检验后发现，中国上市公司各行业的营运资本的平均秩差异是显著的，但这种行业间的营运资本显著差异并不是由个别行业的异常值引起的，而是行业间普遍存在的；货币政策、财政政策对各个行业的营运资本需求具有统一的、显著的负向影响，该研究结果为基于宏观经济政策下的目标营运资本模型的构建奠定了基础。其次，第4章在第3章的基础上以制造业、房地产业和批发零售业三个行业的上市公司为样本，从经济周期、融资约束分别对制造业、房地产业和批发零售业三个行业上市公司的营运资本需求的动态调整速度进行了实证检验，基于中国三个行业上市公司2000—2016年的面板数据，

第6章　研究总结与政策建议

构建了基于宏观经济政策目标营运的资本模型，使用GMM对中国上市公司各个行业在不同的经济周期和融资约束下的营运资本动态调整进行了实证检验，研究结果显示：（1）企业存在目标营运资本需求，并且其受货币政策和财政政策的影响显著。（2）在不同的经济周期下，公司的营运资本需求会向目标营运资本需求调整。经济周期与制造业企业营运资本需求的调整速度负相关，即在经济周期上行期，调整速度较慢；在经济周期下行期，调整速度较快；而对于房地产业和批发零售业的影响正好相反。（3）在不同的经济周期下，不同融资约束的企业的营运资本需求会以不同的速度向目标营运资本需求调整：在经济周期上行期，制造业无融资约束公司对营运资本的调整速度较慢，只进行微调，但有融资约束公司由于受到自身融资约束的影响，仍然保持较快的调整速度。在经济下行期，无融资约束公司营运资本需求的调整速度迅速加快，但融资约束公司对营运资本需求的调整速度变得更快，即融资约束会促使企业在经济周期下行期更加积极地进行营运资本管理。对于房地产业和批发零售业情况正好相反，在经济周期上行期，房地产业和批发零售业无融资约束公司对营运资本的调整速度相对于下行期较快，但融资约束公司由于受到自身融资约束的影响，仍然保持较快的调整速度。在经济下行期，无融资约束公司营运资本需求的调整速度迅速变慢，房地产业基本不调，融资约束公司对营运资本需求的调整速度亦变慢，主要原因在于房地产业与批发零售业在经济下行期即经济不景气时，大部分企业会偏离制造生产主业，将大量资金投向房地产业或第三产业，即"脱实向虚"，因此房地产业与批发零售业在下行期会出现企业大量的闲置资金注入，资金供给充足，大大缓解了两个行业的融资约束。所以，两个行业表现为营运资本调整速度的大幅降低，甚至不调。再次，以新西兰32家企业的2004—2015年的年度面板数据为样本，从经济周期波动的视角筛选了宏观及微观层面影响企业营运资本的影响因素，并进行了静态和动态两方面的实证检验，实证结果显示：（1）企业存在目标营运资本需求，并且其受货币政策和GDP的影响显著；（2）在不同的经济周期下，企业的营运资本需求会向目标营运资本需求调整。经济周期与企业营运资本需求的调整速度负相关，即在经济周期上行期，货币政策紧缩，营运资本调整速度较慢；在经济周期下行期，货币政策宽松，调整速度较快，而且新西兰企业的营运资本需求调整速度明显快于中国。本书的经验证据再次表明：（1）在不同的经济周期，企业的经营目标是不同的：在经济周期上行期，企业以追求企业价值最大化为目标；而在经济周期下行期，将转为流动性最大化。（2）货币政策是在不同的经济周期下，缓解企业融资约束，指导企业进行营运资本管理的关键宏观调控工具。（3）营运资本的调整速度有助于解释在不同的经济周期下，货币政策对微观企业经营的传导机制。最后，基于中国制造业上市公司1990—2013年的平衡面板数据，本书证明了市场化进程与创新投资均能显著提高营运资本向最优水平的调整速度，从而优化了营运资本管理、提高了存量资本的运行效率，但市场化进程与创新投资对营运资本调整速度的协同影响为负，低市场化进程下的创新投资对营运资本调整速度的推动作用更强。本书的研究意义在于以固定资产投资为媒介，从调整成本视角探索了市场化进程与创新投资对营运资本动态调整速度影响的逻辑路径，拓展了营运资本动态调整理论的实证边界以及不同调整因素之间互动关系的逻辑内涵，为理解存量资本治理路径、反思与改善市场化进程提供了政策参考。

6.2 政策建议

6.2.1 对微观企业的建议

从微观企业来看，在不同的经济周期下，企业应实时关注宏观经济政策以及所处行业的发展变化，充分认识宏观经济政策及市场化进程对其外部融资环境和营运资本的影响，根据外部融资约束情况，适时调整营运资本策略以应对变化莫测的外部环境，提高营运资本使用效率，实现长期可持续发展。

6.2.2 对宏观经济管理部门的建议

（1）建立健全基于微观营运资本指标的非周期性波动因素的安全预警机制

经济周期的不同阶段营运资本在各个不同行业的波动存在较大的差异，呈现出规律性的波动特征，说明营运资本能够体现作为宏观经济波动的微观证据，二者之间能够互相印证，尤其在经济周期下行期，宏观经济管理部门更应关注企业营运资本指标的波动情况，加强对营运资本指标的分析，建立健全基于微观营运资本指标的非周期性波动因素的安全预警机制。

（2）实现宏观经济政策与市场调节的有效结合

货币政策、财政政策作为政府宏观调控的"有形之手"对各个不同行业营运资本的影响力度存在一定的差异，而这只"有形之手"如何与市场调节的"无形之手"进行有效的结合对企业的营运资本具有重要的影响。货币政策、财政政策作为政府宏观调控的"有形之手"对经济周期的作用日趋显著，应实施差别性货币政策促进产业结构升级，增强中国企业对经济周期下行期的抵御能力。与此同时，充分发挥财政政策的作用，加快财政体制向公共财政转型，建立财权、事权相匹配的财政体制，不断加大有利于民生财政的支出比例，并制定与不同经济周期相适应的税收制度。政府应灵活运用反周期宏观调控政策。货币政策作为影响企业融资约束和营运资本动态调整的重要因素，在国内外现有的实证研究中已得到了广泛的经验证据。因此，中国人民银行在制定货币政策时应充分考虑微观层面所面临的融资约束以及对实体企业的营运资本的影响，发挥货币政策有效的传导机制，并借鉴发达国家的货币政策制定的先进经验，如新西兰货币政策的核心是保持物价稳定。1989 年 12 月，新西兰储备银行拟定了第一份《政策目标协议》，率先建立起了世界上第一个通货膨胀目标制货币政策框架。在随后的 15 年，先后有 20 多个国家正式宣布开始实施通货膨胀目标制货币政策。《政策目标协议》由新西兰储备银行的管理层和财政部长制定,以保持物价稳定为具体目标，避免不必要的产出、利率和汇率的不稳定。《政策目标协议》要求新西兰储备银行将中期的通货膨胀率保持在平均 1% ~ 3% 的范围内，并且附加一个额外条款要求未来平均通货膨胀率应保持在 2% 左右的目标中值内。新西兰储备银行的职责除了维持物价稳定外，还负责促进维护一个良好而有效的金融体系。

（3）改变以GDP为核心的政府业绩考核体系

与其他国家的营运资本（如新西兰）受到GDP显著影响不同，中国各个行业的营运资本与GDP的相关性并不显著，中国GDP存在统计不实，即地方GDP存在注水的现象，因此应遵循真实准确、规范统一和公开透明的原则，将以往的各省（自治区、直辖市）生产总值核算，改为由国家统计局和省级统计机构的统一核算，以实现地区生产总值汇总数据与国内生产总值数据的基本衔接。改变以GDP为核心的政府业绩考评体系，构建一个集经济长期增长与企业满意度相结合的综合评价机制，引导地方政府行为以长期可持续发展为目标。转变政府职能，减少政府不必要的干预，划清政府宏观调控与市场调节的界限，减少地方政府的投资事权，完善现代企业制度，确立企业的市场主体地位。改变地方政府的考核目标，将其由追求短期经济利益的视角，变为着眼于长期经济发展目标，并能依据经济周期的不同阶段，出台与经济周期相协调的产业政策。

（4）采取多种措施积极推进市场化进程

内、外部治理机制之间的"替代"（挤出）效应而非"互补"（协同）效应的结论表明：首先，随着市场化进程的不断提高，监管部门应进一步探索那些有助于推动企业创新的"市场化进程的推进路径"，使企业决策实现市场化取向，通过顶层机制设计实现二者的"协同"效应；最终形成市场与企业技术创新的良性互动机制。其次，应及时发现和治理市场化进程中出现的新的"寻租"机制，以具体的实施细则代替改革过程中的指导意见，真正减少交易成本，让市场化进程的推进工作落地；再次，应构建公平的竞争环境、破除垄断经济、完善私人产权保护机制，在政府业绩评价指标体系中加入R&D指标，从而激励"长期"创新投资，改变因地方政府追求短期政绩所导致的R&D投资不足的问题；最后，应进一步强化金融市场改革，通过完善多层次资本市场来降低企业创新融资成本，发挥金融市场在分散和降低创新投资风险方面的职能，更好地服务实体经济。

参考文献

中文专著：

[1]　樊纲，王小鲁，朱恒鹏．中国市场化指数——各地区市场化相对进程2011年报告[M]．北京：经济科学出版社，2011.

[2]　辜朝明．大衰退——如何在金融风暴中幸存和发展[M]．北京：东方出版社，2008.

[3]　孟凡利，李学春．公司营运资金管理[M]．上海：上海财经大学出版社，1997.

[4]　王竹泉．跨地区经营企业会计问题研究[M]．北京：经济管理出版社，2003.

[5]　吴娜．管理资产负债表视角下的营运资本管理研究[M]．成都：西南财经大学出版社，2010.

[6]　威廉·鲍莫尔．创新：经济增长的奇迹[M]．郭梅军，唐宇，彭敬，等，译．2版．北京：中信出版社，2016.

[7]　张鸣．公司营运资金运作方略[M]．上海：立信会计出版社，2002.

中文期刊：

[1]　陈克兢，李延喜，曾伟强，等．上市公司营运资金影响因素及其调整速度的实证研究——基于系统广义矩估计的动态面板数据分析[J]．当代会计评论，2015，8（2）：43-60.

[2]　陈收，宋振，刘端，等．融资约束视角下营运资本规模对产品市场竞争绩效的影响[J]．系统工程，2013，31（3）：8-14.

[3]　陈之荣，赵定涛．存货投资与经济周期的关系研究[J]．经济理论与经济管理，2010（3）：32-37.

[4]　陈希琴，刘翰林．中国企业管理资产负债表的结构与运用初探[J]．浙江财税与会计，2003（8）：9-11.

[5]　代光伦，邓建平，曾勇．货币政策、政府控制与企业现金持有水平的变化[J]．投资研

究,2012(11):45-60.

[6] 戴严科,林曙.利率波动、融资约束与存货投资——来自中国制造业企业的证据[J].金融研究,2017(4):95-111.

[7] 董登新.钢企兼并重组应避免产能叠加[N].中国证券报,2016-07-06(A04).

[8] 付佳.税收规避、商业信用融资和企业绩效[J].山西财经大学学报,2017,39(02):87-98.

[9] 高芙蓉.论企业营运资金的优化与管理[J].科技创业,2006(9):66-67.

[10] 古明清,操志霞.我国存货与经济波动的计量分析[J].经济问题探索,2003(2):42-44.

[11] 何青.市场化进程对企业现金持有行为真的有影响吗——基于动态面板模型的实证分析[A].《经济研究》编辑部、南开大学金融发展研究院.首届中国金融发展学术论坛论文集[C].2013:24.

[12] 胡海青,崔杰,张道宏.商业信用、融资约束对科技型中小企业R&D投资的影响[J].科技进步与对策,2015,8:113-117.

[13] 黄波,王满,吉建松.战略差异、环境不确定性与商业信用融资[J].现代财经(天津财经大学学报),2018,38(1):37-52.

[14] 黄振雷,吴淑娥.现金持有会影响研发平滑吗?[J].经济与管理研究,2014(2):119-128.

[15] 蒋水全,刘星,徐光伟.金融股权关联对上市公司现金持有之影响:基于货币政策波动视角的实证考察[J].管理工程学报,2018,32(1):9-23.

[16] 姜付秀,黄继承.市场化进程与资本结构动态调整[J].管理世界,2011(3):124-134.

[17] 靳庆鲁,孔祥,侯青川.货币政策、民营企业投资效率与公司期权价值[J].经济研究,2012,47(5):96-106.

[18] 鞠晓生,卢荻,虞义华.融资约束、营运资本管理与企业创新可持续性[J].经济研究,2013,1:4-16.

[19] 李俊峰,武修文,张怡.供给侧改革、债务风险缓释与企业资产负债表修复[J].财政研究,2016(8):104-113.

[20] 李晓群.浅议营运资金管理[J].会计之友,2006(12):25-26.

[21] 李洁.政府控制、市场化进程与自由现金流的过度投资[J].经济问题探索,2011(8):105-109.

[22] 李林红.商业信用与公司投资行为的实证研究[J].软科学,2014,3:65-68.

[23] 李艳平.企业地位、供应链关系型交易与商业信用融资[J].财经论丛,2017(4):47-54.

参考文献

[24] 李杨. 后金融危机时代中国货币政策面临的挑战与对策研究[J]. 理论探讨, 2015 (5):89-92.

[25] 连玉君,彭方平,苏治. 融资约束与流动性管理行为[J]. 金融研究,2010 (10): 158-171.

[26] 林发彬. 从存货投资波动透视我国产能过剩问题[J]. 亚太经济,2010 (2): 115-118.

[27] 刘怀义. 营运资本管理政策影响因素实证研究[J]. 南开经济研究,2010 (3): 105-115.

[28] 刘慧凤,黄幸宇. 内部控制、市场地位与商业信用资金营运质量[J]. 审计与经济研究,2017,32(3):46-57.

[29] 刘行,赵健宇,叶康涛. 企业避税、债务融资与债务融资来源——基于所得税征管体制改革的断点回归分析[J]. 管理世界,2017 (10):113-129.

[30] 刘啟仁,黄建忠. 产品创新如何影响企业加成率[J]. 世界经济,2016,39(11): 28-53.

[31] 罗劲博. 高管的"红顶商人"身份与公司商业信用[J]. 上海财经大学学报, 2016,18(03):48-61+128.

[32] 罗正英,贺妍. 融资约束、市场化进程与货币政策利率传导效应——基于我国上市公司投资行为的实证检验[J]. 金融评论,2015(3):75-92.

[33] 吕峻. 营运资本的经济周期效应与货币政策效应研究[J]. 财经问题研究, 2015,10:95-103.

[34] 陆正飞,杨德明. 商业信用:替代性融资,还是买方市场?[J]. 管理世界,2011 (4):6-14.

[35] 马建堂,董小君,时红秀,等. 中国的杠杆率与系统性金融风险防范[J]. 财贸经济,2016,37(1):5-21.

[36] 彭志龙. 从存货变化看我国市场化进程[J]. 宏观经济管理,1999,10:28-29.

[37] 彭博. 中国制造业企业资金周转效率跌至15年新低[N]. 金融界网站,2016-09-30.

[38] 蒲文燕,张洪辉. 基于融资风险的现金持有与企业技术创新投入的关系研究[J]. 中国管理科学,2016,5:38-45.

[39] 齐永兴. 动态能力理论的源起与内涵界定——兼谈我国中小企业动态能力形成与特征[J]. 商业时代, 2014(34):105-107.

[40] 孙兰兰,王竹泉. 议价能力、货币政策与商业信用政策动态调整[J]. 江西财经大学学报,2016,5:43-53.

[41] 孙璞,尹小平. 政府科技补贴能通过企业科技创新改善产能过剩吗? ——基于新能源产业与汽车产业对比研究[J]. 华东经济管理,2016,10:101-106.

[42] 孙婷婷,陈丁. 商业信用与创新的关系研究——以欧洲中小企业为例[J]. 软科学,2014,3:69-72.

[43] 孙晓华,王昀,徐冉. 金融发展、融资约束缓解与企业研发投资[J]. 科研管理,2015,5:47-54.

[44] 唐清泉,徐欣. 企业R&D投资和内部资金——来自中国上市公司的经验证据[J]. 中国会计评论,2010(3):314-362.

[45] 汪平. 论营运资本管理[J]. 山东税务纵横,2000(07):44-46.

[46] 王怀明,顾洪溢. 货币政策对企业现金持有价值的影响[J]. 企业经济,2017,36(3):55-61.

[47] 王家瑜. 试论国际企业的营运资本管理[J]. 国际商务(对外经济贸易大学学报),1993(2):38-43.

[48] 王满,李坤榕,王越,等. 公司治理对营运资本持有量动态调整的影响——基于中国A股制造业上市公司数据的实证检验[J]. 会计论坛,2016,15(1):78-92.

[49] 王明虎,魏良张. 区域金融、企业生命周期与商业信用融资[J]. 南京审计大学学报,2017,14(1):1-9.

[50] 王树华,胡道勇. 管理资产负债表视角下的企业财务分析研究[J]. 现代金融,2006,10:6-7.

[51] 汪伟,赵冬雨. 通货膨胀对分渠道营运资金需要量的影响及理论分析[J]. 国际商务财会,2012(5):40-42.

[52] 王喜. 市场竞争、银行信贷与上市公司商业信用[J]. 财贸研究,2011,22(3):103-110.

[53] 王珍义,徐雪霞,肖皓. CEO声誉、内部控制与商业信用融资关系的实证[J]. 统计与决策,2017(21):185-188.

[54] 王治安,吴娜. 营运资本管理行业差异及其影响因素[J]. 财会月刊,2007(26):3-6.

[55] 王竹泉,马广林. 分销渠道控制:跨区分销企业营运资金管理的重心[J]. 会计研究,2005,6:28-33,95.

[56] 王竹泉,逢咏梅,孙建强. 国内外营运资金管理研究的回顾与展望[J]. 会计研究,2007,2:85-90.

[57] 王竹泉,孙兰兰. 市场势力、创新能力与最优商业信用供给[J]. 山西财经大学学报,2016,10:36-46.

[58] 王竹泉,张先敏. 基于渠道管理的营运资金管理绩效评价体系设计[J]. 财会月刊,2012(13):11-13.

[59] 吴娜. 经济周期、融资约束与营运资本的动态协同选择[J]. 会计研究,2013,8:54-61.

[60] 吴娜,于博,王博梓.市场化进程、创新投资与营运资本的动态调整[J].会计研究,2017,6:82-88.

[61] 吴娜,孙宇.货币政策与营运资本管理的相关性研究——基于钢铁行业的面板数据分析[J].会计之友,2013(22):67-72.

[62] 吴淑娥,仲伟周,卫剑波,等.融资来源、现金持有与研发平滑——来自我国生物医药制造业的经验证据[J].经济学(季刊),2016,15(2):745-766.

[63] 邢西唯.营运资本管理中的成本风险及其避免[J].财务与会计,1996(06):24.

[64] 夏钰鸿.市场化进程、商业信用与企业过度投资行为[J].商业会计,2014(6):71-73.

[65] 夏晓华,史宇鹏,尹志峰.产能过剩与企业多维创新能力[J].经济管理,2016,10:25-39.

[66] 肖虹.公司技术创新投资决策战略效应及其杠杆掠夺影响——基于中国、欧盟、美国上市公司的比较检验[J].数量经济技术经济研究,2008(05):67-80.

[67] 谢云峰.从金融市场化角度看投资效率和投资增速的下滑[J].西南金融,2016,9:22-26.

[68] 肖珉.法的建立、法的实施与权益资本成本[J].中国工业经济,2008,3:40-48.

[69] 肖海莲,唐清泉,周美华.负债对企业创新投资模式的影响——基于R&D异质性的实证研究[J].科研管理,2014,10:77-85.

[70] 修宗峰,黄健柏.市场化改革、过度投资与企业产能过剩——基于我国制造业上市公司的经验证据[J].经济管理,2013,7:1-12.

[71] 杨兴全,付玉梅.地理位置与公司现金持有——来自中国上市公司的经验证据[J].东岳论丛,2016,37(8):69-80.

[72] 杨兴全,张丽平,吴昊旻.市场化进程、管理层权利与公司现金持有[J].南开管理评论,2014,2:34-45.

[73] 杨卓尔,高山行,江旭.原始创新的资源基础及其对企业竞争力的影响研究[J].管理评论,2014,7:2-81.

[74] 岳树民,肖春明.营改增是否促进了商业信用融资——基于上市公司的证据[J].税务研究,2017(7):11-18.

[75] 袁卫秋,王海姣,于成永.货币政策、社会责任信息披露质量与商业信用模式[J].会计与经济研究,2017,31(1):28-42.

[76] 袁卫秋,汪立静.信息披露质量、货币政策与商业信用融资[J].证券市场导报,2016(7):4-10.

[77] 易纲,吴任昊.论存货与经济波动(上)——理论回归与对中国情况的初步分析[J].财贸经济,2000(5):5-9.

[78] 于博.货币政策影响企业投资效率吗？——基于营运资本动态协同视角的修正

119

分析[J]. 广东财经大学学报,2014,3:4-16.

[79] 于博,吴娜. 货币政策、异质效应与房地产企业投资效率——附加营运资本平滑效应的实证分析[J]. 经济体制改革,2014(03):166-170.

[80] 俞静,王作春,甘俰初. 关于中国存货投资和通货膨胀的协整关系分析[J],统计研究,2005(8):61-64.

[81] 周文琴,孟全省,邱威. 中国中小企业上市公司营运资本结构的实证分析[J]. 安徽农业科学,2007(31):27-30.

[82] 赵秋君,危俏. 通货膨胀对企业营运资金的影响分析及对策[J]. 中小企业管理与科技(下旬刊),2011(11):87-88.

[83] 张东南. 基于价值链视角的营运资金管理[J]. 华北水利水电大学学报(社会科学版),2014,30(5):84-86.

[84] 张杰,冯俊新. 中国企业间货款拖欠的影响因素及其经济后果[J]. 经济理论与经济管理,2011(7):87-97.

[85] 张杰,郑文平,翟福昕. 融资约束影响企业资本劳动比吗?——中国的经验证据[J]. 经济学(季刊),2016,3:1029-1056.

[86] 张淑英. 经济周期、供应链合作关系与营运资金的产品市场竞争效应[J]. 现代财经,2017,37(3):35-53.

[87] 张涛,郭潇. 高管薪酬契约与融资约束研究——基于中国沪深A股上市公司的经验数据[J]. 经济与管理评论,2018,34(1):96-107.

[88] 郑军,林钟高,彭琳. 地区市场化进程、相对谈判能力与商业信用[J]. 财经论丛,2013,9:81-87.

[89] 郑磊. 阴阳经济周期与资产负债表衰退:构建宏观经济管理的新途径[J]. 中国市场,2011(46):34-38.

[90] 周守华,房小兵. 羊群效应与应收账款质量——来自中国建筑业上市公司的经验证据[J]. 当代财经,2016(3):107-119.

[91] 祝继高,陆正飞. 货币政策、公司成长与现金持有水平变化[J]. 管理世界,2009(3):52-59.

[92] 钟海燕,冉茂盛. 产品市场竞争与现金持有动态调整[J]. 经济与管理研究,2013(2):88-95.

外文专著:

[1] BRONWYN H HALL. The financing of research and development [M]. London:Oxford University Press,2002.

[2] HARRY ANSON FINNEY. Principles of accounting:advanced[M]. New Jersey:Prentice-Hall,1934.

[3] JOHN J,HAMPTON-CECILIA L,WAGNER. Working capital management[M].

New Jersey：John Wiley and Sons，1989.

[4]　KEYNES J M．The general theory of employment，interest and money[M]．London：Macmillan，1936.

外文期刊：

[1]　ABRAMOVITZ M．Inventories and business cycles[J]．New York National Bureau of Economic Research，1950，19(2)：173.

[2]　ALMEIDA H，Campel lOM，WEISBACH M S，et al．The cash flow sensitivity of cash[J]．The Journal of Finance，2004，59(4)：1777-1804.

[3]　ALTI A．How sensitive is investment to cash flow when financing is frictionless?[J]．The Journal of Finance，2003，58(2)：707-722.

[4]　ANDREW HARRIS．Working capital management：difficult，but rewarding[J]．Financial Executive，2005，(5)：52-53.

[5]　ARELLANO M，BOVER O．Another look at the instrumental variable estimation of error-components models[J]．Journal of Econometrics，1995，(68)：29-51.

[6]　BAOS CABALLERO S，GARCIA TERUEL P J，MARTINEZ SOLANO P，et al．Working capital managements in SMEs[J]．Accounting and Finance，2010，(3)：511-527

[7]　BAOS CABALLERO，GARCIA TERUEL P J，MARTÍNEZ SOLANO P，et al．The speed of adjustment in working capital requirement[J]．European Journal of Finance，2013，19(10)：978-992.

[8]　BAUMOL，WILLIAMS J．The transactions demand for cash：an inventory theoretic approach[J]．Quarterly Journal of Economics，1952，66：545-556.

[9]　BAUMOL，WILLIAM J．Towards microeconomics of innovations：Growth engine hallmark of market economics[J]．Atlantic Economic Journal，2002，30(1)：1-12.

[10]　BEN BERNANKE，MARK GERTLER．Agency costs，net worth，and business fluctuations[J]．The American Economic Review，1989，79(1)：14-31.

[11]　BEN HORIM M，LEVY H．Management of accounts receivable under inflation[J]．Financial Management，1983，12(1)：42-48.

[12]　BROWN J R，PETERSEN B C．Cash holdings and innov smoothing[J]．Journal of Corporate Finance，2011，17(3)：694-709.

[13]　CABALLERO J，TERUEL G，SOLANO P，et al．Working capital management

in SMEs[J]. Accounting and Finance , 2009,50(3):511-527.

[14] CAROLE HOWORTH, PAUL WESTHEAD. The focus of working capital management in UK small firms[J]. Management Accounting Research, 2003, 14(2):94-111.

[15] CARTER BLOCH C W. R&D investment and internal finance: the cash flow effect[J]. Economics of Innovation & New Technology,2005,14(3): 213-223.

[16] CHIOU J R, CHENG L, WU H W L,et al. The determinants of working capital management[J]. Journal of American Academy of Business, 2006, 10(1):149-155.

[17] CHOI W G, KIM Y. Trade credit and the effect of macro-financial shocks: evidence from U. S. panel data [J]. Journal of Financial & Quantitative Analysis,2005, 40(4):897-925.

[18] CULL, ROBERT ,XU,et al. Formal finance and trade credit during China's transition[J]. Journal of Financial Intermediation, 2009(18):173-192.

[19] CUMBY R E. Trade credit, exchange controls, and monetary independence: evidence from the United Kingdom [J]. Journal of International Economics,1983(14):53-57.

[20] CUSTODIO C, FERREIRA M A, RAPOSO C, et al. Cash holdings and business conditions[J]. ISCTE Business School,2005.

[21] DAVID J TEECE, GARY PISANO, AMY SHUEN,et al. Dynamic capabilities and strategic management[J]. Strategic Management Journal, 1997, 18 (7):509-533.

[22] DEMIRGÜKUNT A,MAKSIMOVIC V. Funding growth in bank-based and market-based financial systems: evidence from firm-level data [J]. Journal of Financial Economics ,2002,65(3):337-363.

[23] DUCHIN R. Cash holding and corporate diversification [J]. Journal of Finance,2010,65(3):955-992.

[24] DUGGAL R, BUDDEN M C. The effects of the great recession on corporate working capital management practices [J]. International Business & Economics Research Journal (IBER),2012, 11(7): 753-756.

[25] EBRAHIM M, DATIN J M. Determinants of working capital management: case of Singapore firms[J]. Research Journal of Finance and Accounting, 2012,3(11):15-23.

[26] EISENHARDT K M,MARTIN J A. Dynamic capabilities:what are they[J].

参考文献

Strategic Management Journal,2000,21(4):1105-1121.

[27] EMERY G W. An optimal financial response to variable demand [J]. Journal of Financial and Quantitative Analysis,1987, 22(2): 209-225.

[28] ETIENNOT H, PREVE L, ALLENDE V, et al. Working capital management: an exploratory study[J]. Journal of Applied Finance, 2012,22(1):161-174.

[29] FABBRI, DANIELA, KLAPPER, LEORA F, et al. Market power and the matching of trade credit terms[J]. Social Science Electronic Publishing, 2008(52):1-52.

[30] FAMA E F, FRENCH K R. Taxes, financing decisions, and firm value[J]. Journal of Finance, 1998,53(3):819-843.

[31] FAZZARI S M, PETERSEN B. Working capital and fixed investment: new evidence on financing constraints[J]. Rand Journal of Economics,1993,24 (3): 328-342.

[32] FEWINGS D R. Trade Credit as a Markovian Decision process with an infinite planning horizon [J]. Quarterly Journal of Business and Economics, 1992,31(4):51-79.

[33] FERREIRA M A, VILELA A. Why do firms hold cash? evidence from EMU countries[J]. European Financial Management,2004(10):295-319.

[34] FILBECK G, KRUEGER T M. An analysis of working capital management results across industries[J]. Mid-American Journal of Business, 2005,20 (2): 11-18.

[35] FLANNERY M J, Rangan K P. Partial adjustment toward target capital structures[J]. Journal of Financial Economics, 2006, 79(3): 469-506.

[36] GILCHRIST S, HIMMELBERG C P. Evidence on the role of cash flow for investment[J]. Finance & Economics Discussion, 1995, 36(3):541-572.

[37] GOMBOLA M J ,KETZ J. Financial ratio patterns in retail and manufacturing organizations [J]. Financial Management,1983,12 (2):45-56.

[38] GOMES J F. Financing investment [J]. American Economic Review, 2001, 91(5):1263-1285.

[39] GUTHMANN H G. Industrial working capital during business recession[J]. Harvard Business Review,1934,12(4): 472-477.

[40] HADLOCK C J, PIERCE J R. New evidence on measuring financial constraints: moving beyond the KZ index[J]. Review of Financial Studies, 2010,23(5): 1909-1940.

[41] HAN S J, QIU J P. Crporate precautionary cash holdings[J]. Journal of

Corporate Finance, 2007(13):43-57.

[42] HALL B H. Research and development at the firm level: Does the source of financing matter?[J]. NBER working paper,1992.

[43] HAMPTON C, HAGER. Cash management and the cash cycle [J]. Management Accounting,1976,(3):19.

[44] HAWAWINI, GABRIEL, VIALLET C,et al. Industry influence on corporate working capital decisions [J]. Sloan Management Review, 1986,27 (4): 15-24.

[45] HILL M D, G KELLY,HIGHFIELD M J,et al. Net operating working capital behaviour: a first look[J]. Financial Management,2010, 39(2): 783-805.

[46] HUBERMAN G. External financing and liquidity[J]. Journal of Finance, 1984,39(3):895-908.

[47] HYNDMAN K, SERIO G. Competition and inter-firm credit: theory and evidence from firm-level data in Indonesia [J]. Journal of Development Economics,2010,93(1):88-108.

[48] JUAN COLINA. Working Capital Optimization[M]. PULP &PAPER,2002, (7): 64.

[49] KAPLAN S,ZINGALES L. Do financing constraints explain why investment is correlated with cash flow?[J]. Quarterly Journal of Economics, 1997, 112(3): 169-215.

[50] KASHYAP A K, WILCOX D W. Monetary policy and credit conditions: evidence from the composition of external finance [J]. The American Economic Review,1993(83): 78-98.

[51] KEITH V SMITH. State of the art of working capital management[J]. Financial Management,1973,2(3):50-55.

[52] KENNETH P NUNN. The strategic determinants of working capital:a product-line perspective [J] . The Journal of Financial Research, 1981 (3) : 207-219.

[53] KNIGHT W D. Working capital management:satisficing versus optimization [J]. Financial Management, 1972,1(1):33-40.

[54] KING, ROBERT G, LEVINE,et al. Finance,entrepreneurship,and growth: theory and evidence[J]. Journal of Monetary Economics, 1993,32 (3): 513-542.

[55] LAMBERSON M. Changes in working capital of small firms in relation to changes in economic activity[J]. Mid-American Journal of Business,1995,

10（2）：45-50.

[56] LAMONT, OWEN, Polk, et al. Financial constraints and stock returns[J]. The Review of Financial Studies, 2001, 14(2)：529-554.

[57] LEE C F, WU C. Expectation formation and financial ratio adjustment processes[J]. The Accounting Review, 1988, 63(2)：292-306.

[58] LO A W. Reconciling efficient markets with behavioral finance：the adaptive markets hypothesis[J]. Journal of Investment Consulting, 2005, 7 (2)：21-44.

[59] LONG M S, MALITZ I B, RAVID S A, et al. Trade credit, quality guarantees, and product marketability[J]. Financial Management, 1993, 22(4)：117-127.

[60] LOTFINIA E, MOUSAVI Z, JARI A, et al. The relationship between working capital management and firm characteristics：evidence from Tehran Stock Exchange(TSE)[J]. International Journal of Business & Social Science, 2012.

[61] LOVE, INESSA, LORENZO, et al. Trade credit and bank credit：evidence from the recent financial crises[J]. Journal of Financial Economics, 2007, 83(2)：453-469.

[62] MACCINI, LOUIS J, ROSSANA, et al. Joint production, quasi-fixed factors of production, and investement in finished goods inventories[J]. Journal of Money, Credit and Banking, Blackwell Publishing, 1984, 16(2)：218-236.

[63] MARK BILS, JAMES A, KAHN, et al. What inventory behavior tells us about business cycles[J]. American Economic Review, 2000, 90(3)：458-481.

[64] MARKUS MÄTTÖ, MERVI NISKANEN. The relation between country - specific factors and working capital：is it about rule of law? [J] Working Paper, 2014.

[65] MARTINEZ-DE LA CRUZ A, GARCIA PEREZ U M. Photocatalytic properties of BiVO4 prepared by the co-precipitation method：degradation of rhodamine b and possible reaction mechanisms under visible irradiation [J]. Materials Research Bulletin, 2010(45)：135-141.

[66] MATEUT, SIMONA, BOUGHEAS, et al. Trade credit, bank lending and monetary policy transmission[J]. European Economic Review, 2006, 50 (3)：603-629.

[67] MAXWELL C E, GITMAN L J, SMITH S A M, et al. Working capital management and financial-service consumption preferences of US and foreign firms: a comparison of 1979 and 1996 preferences[J]. Financial Practice and Education, 1998, 8(2):46-82.

[68] MELTZER A H. Mercantile credit, monetary policy, and size of firms[J]. The Review of Economic and Statistics, 1960(42):429-437.

[69] MIAN SAJID NAZIR. Working capital management in emerging markets: a case of Pakistan[J]. VDM Verlag Müller, 2008, 1(1):25-36.

[70] MIAN S L, SMITH C W. Accounts receivable management policy: theroy and evidence[J]. Journal of Finance, 1992, 47(1):169-200.

[71] MILLER, MERTON, DANIEL ORR, et al. A model of the demand for money by firms [J]. Quarterly Journal of Economics, 1966, 80: 413-435.

[72] MODIGLIANI, FRANCO, MERTON H MILLER, et al. The cost of capital, corporation finance, and the theory of investment[J]. American Economic Review, 1958(48): 267-297.

[73] MUSOLESI AND HUIBAN. Innovation and productivity in knowledge intensive business services[J]. Journal of Productivity Analysis, 2010, 34(1):63-81.

[74] MYERS S, MAJLUF N. Corporate financing and investment decisions when firms have information that investors do not have[J]. Journal of Financial Economics, 1984(13):187-221.

[75] NADIRI M I. The determinants of trade credit in the U. S. total manufacturing sector[J]. Econometrica, 1969, 37(3): 408-423.

[76] OPLER T, PINKOWITZ L, STULZ R, et al. The determinants and implications of corporate cash holdings [J]. Journal of Financial Economics, 1999(52): 3-46.

[77] PERDO S. R&D smoothing: revisiting the consensus on the cyclicality of research spending[J]. Working paper, 2014.

[78] PEEL M J, WILSON N, HOWORTH C A, et al. Late payment and credit management in the small firm sector: some empirical evidence [J]. International Small Business Journal, 2000, 18(2):17-37.

[79] PELES Y C, SCHNELLER M I. The duration of the adjustment process of financial ratios[J]. The Review of Economics and Statistics, 1989, 71(3): 527-532.

[80] PETERSON M A, RAJAN R G. Trade Credit: Theories and evidence. The

Review of Financial Studies, 1997,(10)3:661-691.

[81] CULL, R LC XU , ZHU T. Formal finance and trade credit during China's transition[J]. Journal of Financial Intermediation , 2009 , 18 (2) :173-192.

[82] RICHARD BLUNDELL, RACHEL GRIFFITH, JOHN VAN REENEN, et al. Dynamic count data models of technological innovation[J]. The Economic Journal, 1995, 105(429):333-344.

[83] RICHARDSON S. Over-investment of free cash flow [J]. Review of Accounting Studies,2006,11(2 3):159 189.

[84] SATHAMOORTHI C R. The management of working capital in selected co-operatives in Botswana [J]. Finance India Dehli , 2002,16(3):1015-34.

[85] SCHROTH E, SZALAY D. Cash breeds success: the role of financing constraints in patent races[J]. Warwick Economics Research Paper,2010, 14(1):73-118.

[86] SHIN M, KIM S. The effects of cash holdings on R&D smoothing of innovative small and medium sized enterprises [J] . Asian Journal of Technology Innovation,2011(2):169-183.

[87] SOENEN L. Cash conversion cycle and corporate profitability[J]. Journal of Cash Management ,1993,13(4): 53-57.

[88] SONIA BAOS-CABALLERO, PEDRO J. GARCIA-TERUEL, et al. Working capital management in SMEs[J]. Accounting and Finance,2010,50: 511-527.

[89] SHULMAN J M, COX R A. An integrative approach to working capital management[J]. Journal of Cash Management,1985,5(6): 64-68.

[90] SHULMAN J M, Dambolena I. Analyzing corporate solvency [J]. Journal of Cash Management,1986,9:64-67.

[91] TERUEL P J,SOLANO P M. On the determinants of SME cash holdings: evidence from Spain[J]. Journal of Business Finance & Accounting,2008 (35):127-149.

[92] UGHETTO E. Does internal finance matter for R&D? New evidence from a panel of Italian flrm[J]. Cambridge Journal of Economics,2008,32(6): 907-925.

[93] VUNYALE NARENDER , SHRIJIT MENON. Factors Determining working capital management in cement industry [J] . South Asian Journal of Management, AMDISA, India,2008:64-78.

[94] WANG Y,CHEN C R,HUANG Y S, et al. Economic policy uncertainty and

corporate investment: evidence from China [J]. Pacific Basin Finance Journal,2014,26: 227-243.

[95] KNIGHT W D. Working capital management: satisficing versus optimization [J]. Financial Management,1972,1(1):33-40.

[96] WHITED I M,GUOJUN WU. Financial constraints risk[J]. The Review of Financial Studies,2006,19(2): 531-559.

[97] ZARIYAWATI M A, ANNUAR M N, TAUFIQ H, et al. Working capital management and corporate performance:case of Malaysia[J]. Journal of Modern Accounting and Auditing,2010,5(11): 190-194.

索引